超入門

(株)ストックボイス副社長CCO
岩本秀雄
Hideo Iwamoto

わかりやすさNo.1

株の教科書

改訂版

新星出版社

いざっ!
投資家デビューへの道
はいっ、営業の資料よ!
ドサッ
わっ
んっ、なにを一生懸命読んでるの高杉くん
新聞の株式欄ですよ
株式? あなた株をやってるの?
いや…これからやってみようかな……って
じつは友だちが株で大儲けしたらしいんですよ
えーっ私もやってみた〜い で、勝算はあるの?
それが株のことはなにも知らなくて…
だったらいい先生を紹介するわ!
へっ 先生…?

私の叔父さんよ いまは喫茶店のマスターだけど
Financial Analyst
以前はスゴ腕の証券アナリストだったのよ
えー、マジっすか
数日後…
叔父さんここにいるはずなんだけどな〜
いないな〜
…ってかここ場外馬券場ですよ
あっ いたわ あの人よ
うう…またハズレだ
叔父さん
あっ!ユキちゃん
証券アナリスト?
おっ、今日は彼氏と一緒か?
よろしくお願いします
違うわよ 会社の後輩高杉くん。株を始めたいんですって。教えてあげてほしいの
よろしい 株の勉強は若い人におすすめだよ 仕事にも役立つからね
オッホン
それじゃさっそく勉強だ。うちの店へ行こう!でもその前に…
ハッ
最終レースを買ってくるよ
大丈夫かな
いいかげんにしなさーい
はたして2人は投資家デビューできるのか?

いまが投資家デビューのチャンス！

アゲアゲ日本株！ 復活の大波に乗ろう！

あ〜あ 次のレースは鉄板だったのにな〜〜
ブッブツ
あきらめわるいわよ
タハハ…
馬じゃなくて株を知りたいの!!
わかってるって…
でも…
I am Beginner
なんにも知らないボクが
株をやっても儲かるんでしょうか?
最初はみんな素人さ 努力次第だよ それに いまは株に投資するチャンスだしね!
そうよ頑張ろう
はい!

「そろそろ、株を買ってみようかな」と、思案していた、アナタ。投資家《とうしか》デビューには、とてもいい環境となってきましたよ。

2021年2月、日経平均株価《にっけいへいきんかぶか》という日本を代表する株価指数《かぶかしすう》がナント、**30年ぶりで3万円台を回復**しました。「30年ぶり」といえば、あの〝平成バブル〟以来のことなのです。

新型コロナウイルスの感染拡大（パンデミック）で世界中の経済活動が急激に停滞したことから、2020年春には世界の株式市場が大暴落に陥《おちい》りました。しかし、各国の政府や中央銀行がいち早く大型経済対策・金融緩和策《きんゆうかんわさく》を発動したことで次第に経済活動も株価もグングンと回復の動きに入りました。なかでも、**米国の株式市場などは**

日本株は本格的な復活への道を歩み始めた！

外国人投資家も買い姿勢を強めている!

史上最高値まで株価が浮上するほどに活況《かっきょう》な動きを見せています。

日本株もそれを追いかける形で、**本格的な復活の道を突き進もう**としています。一時は深刻な見方が多かった**企業業績**についても**2021年度には急速に回復する**との見方が増えています。2021年4月現在、感染拡大がいつ収束するのか、ワクチン接種が順調に進むかなど、コロナへの警戒感は尾を引いていますが、1年前とは環境が明らかに違っていることは実感できるでしょう。まだまだ割安《わりやす》な日本株を見直そうと、外国人投資家も買い姿勢を強めています。

いまこそ、株式投資で儲けるチャンス！ あなたも日本株復活の波に乗ってみましょう。

ドカーンと6倍、7倍の大化けも！

株価爆アゲ！大勝利も夢じゃない！

先生ー 株が 2倍に なりましたー！
バーン
ブーッ
友人が50万円で 買った株がなんと 100万円に値上がり したんですよー
な〜んだ 友だちの こと？
がぜん ヤル気が わいてきた
たった1年で 2倍、3倍の 値段になる株は めずらしくないんだ
へー 2倍、3倍
2倍に なったら ワンピに バッグに 高級エステも 予約して… ウッフッフッフッ
まだ株 買ってないし
あきれた 物欲だな

「株なら大儲《おおもう》けできる？」

答えは、イエスでもあり、ノーでもあります。２０２０年は株式市場がコロナによって大揺れとなりましたが、それでも人気株は登場しました。東《とう》証《しょう》（東京証券取引所）マザーズ市場に上場する**Ｊ《ジェイ》ストリーム**という会社は、インターネットを通じて動画ライブ中継やオンデマンド放送など通信サービスを提供する事業を営んでいますが、その**株価は２０２０年の１年間で実に７・２６倍**となりました。「巣《す》ごもり」「リモートワーク」といった言葉が流行したように、多くの人の在宅時間が増え、ライブ配信ニーズが急増したことがその人気化の背景です。

その他、インターネット経由でお医者さん向けに情報を提供する**ケアネッ**

株価爆アゲ・ランキング

上昇率トップは
Jストリームだ！

		1年間の株価の比較	株式市場
1位	**Jストリーム**	**7.26倍**	**マザーズ**
2位	Abalance	6.49倍	東証2部
3位	ケアネット	6.13倍	マザーズ
4位	AI inside	5.84倍	マザーズ
5位	すららネット	5.77倍	マザーズ
6位	BASE	5.56倍	マザーズ
7位	チェンジ	4.85倍	東証1部
8位	ブイキューブ	4.62倍	東証1部
9位	メドピア	4.49倍	マザーズ
10位	不二硝子	4.4倍	東証JQS※

（2019年末と2020年末株価の比較）

※JASDAQ（ジャスダック）・スタンダード

1年で株価が
7倍以上とは
すごいなあ！

配信ニーズが
増えたのね！

トや**メドピア**、オンライン学習教材の**すららネット**、個人向けにネット通販サイトの立ち上げを支援する**BASE**《ベイス》など、〝コロナに負けない〟事業を展開する企業の株価が大きく伸びました。ランキング10位の**不二硝子**《ふじがらす》は、医療用ガラスの専業。コロナで治療用バイアル（管瓶《くだびん》）の需要が急増しました。

株式投資は3～5年ぐらいの長期保有で大きな儲《もう》けを狙うのがオーソドックスなやり方ですが、こうした**短期間で大きく値上がりする銘柄**《めいがら》に出会えるとラッキー。**大化**《おおば》**け株**《かぶ》（大きく値上がりする株）を探すのは楽しいものです。

逆に、大きく値下がりした銘柄もありました。**時には損することもある**ことを忘れないようにしましょう。

銀行に預けるより何倍もおトク！

株主還元の拡充で配当金の支払いが増加！

株はどうやって儲けるか知ってるかな？
安く買って高く売るんですよね
そう値上がり益だ
でもそんなにうまくいくのかな〜〜
売買のタイミングむずかしそう
じつは値上がりしなくても儲けられるんだよ
どういうことですか？
？
株をもっているだけで会社からおこづかいがもらえるんだ
えー
おこづかいーー
配当金
ブハッ

株を持っていると、毎年、**会社からもらえるおこづかい**が、**配当金**《はいとうきん》です。年に1、2回。中には年に4回も払ってくれる気前のいい会社だってあります。おこづかい、といってもバカになりません。**配当利回**《はいとうりまわ》**り**という、株を買ったときの値段に対する、もらった配当金の割合を示す指標《しひょう》があります。これで見ると、東京証券取引所第1部に上場《じょうじょう》している（取引所で売買されている）全会社の**平均配当利回りは1・73％**（2021年3月12日現在、実績ベース）です。これは、今、株式に100万円投資すると、1万7300円の配当金（税金は別）がもらえることを意味します。

一方、**銀行の1年定期預金の金利は0・002％**（都市銀行の場合）。

配当金を重視する会社が増えている！

配当金《はいとうきん》 → 会社の儲けの一部を株主に分配するお金

これまでの経営者	最近の経営者	これからの経営者
儲けが増えたら**配当金**を増やそう	株価が上がるように**会社の価値**を高めよう	株主のためにもっと**配当金**を増やそう

株に100万円投資すると…

- 上場企業の平均配当利回り＝**約1.73％**
- **年間1万7,300円**の配当金がもらえる（税別）

この差は大きい！

銀行に100万円預けると…

- 定期預金（1年）の金利＝**0.002％**
- 利息は**年間20円**（税別）

100万円預けても利息《りそく》は20円しかつきません。

この配当金というのは、その会社が事業で儲《もう》けた利益を、**株主に分配・還《かん》元《げん》する**お金。たくさん儲かったら株主にもたくさん払うのが当然です。最近では「**株主還元の拡充《かくじゅう》**」が企業経営者に求められているため、これまで以上に配当金を支払う会社が増えています。

若い女性向けカタログ通販の**スクロール**が2021年1月、同3月期末の配当金を1株あたり44円に増やすと発表。前年同期の1株5円に対して驚くべき大盤振る舞いと話題になりました。すると同社の株価は約3週間で8割高と急伸《きゅうしん》。**配当金は株価も刺激**します。

アレもほしい、コレもほしい！

オマケねらいで株を買う！ 超人気の株主優待！

株主がもらえるのは配当だけじゃないんだ
えっ
まだなにかあるんですか？
ゴメンネー
会社からお中元やお歳暮のようなものが送られてくるんだ
それってなに？
へーっ
株主優待というものだ！
どんな優待があるの？
株主優待
！
これが全部タダでもらえるんだ
ジャーン
スゲー
割引券
優待券
GIFT CARD

全国に定食チェーンを展開する**大戸《おおと》屋《や》ホールディングス**。２０２０年11月下旬のある日、その株価が突然、前日比20％以上の急騰《きゅうとう》となりました。実は同社はその前日、「**株主優待制度《かぶぬしゆうたいせいど》を拡充**します」と発表しました。それを好感して個人投資家の買いが殺到したようです。

株主優待とは、会社が株主に対し、自社の製品や割引券、食事券、サービス券、クオカードなどを**プレゼントする制度**です。会社の事業内容を知ってほしい、製品に親しんでほしいといった願いを込めて贈呈《ぞうてい》されます。それぞれ**工夫を凝《こ》らした品物が多い**ため、この株主優待を楽しみにして長期間にわたって株式を保有している投資家も少なくありません。株主優待

アノ会社が、こんな株主優待をプレゼント！

オリエンタルランド

吉野家ホールディングス

ANA ホールディングス

カゴメ

自社商品詰め合わせ

商品や金券など
種類が豊富

1,500 社以上
の上場企業が実施

金額に換算すると
利回りが高い

所定の株式数
の保有が条件

で食費や交通費、レジャー費用などに充当して**「優待生活」を満喫《まんきつ》**できます。毎年、律儀《りちぎ》に送られてくれば、「もっと応援しよう」という気にもなるもの。株主優待を仲立《なかだ》ちに、会社との関係がより緊密になる、というメリットもあるようです。

現在では、**1526社**と全上場会社の40％（2020年末現在）が実施している模様です。最近では、もっと多くの個人投資家に株主になってほしい、もっと長期間保有してほしいと考える会社が増えているため、新規に制度を導入したり、**優待内容を充実させる会社**が注目されるようになりました。それにより、株価の人気材料になるケースもあるのです。

年間120万円までの投資が非課税！

NISAを利用すれば税金が安くなる！

ねえねえ
株で儲けたら税金かかるの？
いい質問だね
株の儲けに税金がかかるんですか？
もちろん！
やっぱそうかー
値上がり益
配当金
徴収！
税務署
株価の値上がりで得た儲けのほかに配当金にも税金がかかる
NISA
でもNISAという制度なら一定の投資額まで非課税だよ
ニサ？

NISAは「ニーサ」と読みます。正式には**少額投資非課税制度**《しょうがくとうしひかぜいせいど》といいます。私たちのようなフツーの個人（法人ではなく、大きな金額を投資するわけでもない投資家）が利用できる、非課税（株の儲《もう》けに税金がかからない）制度なのです。

じつは、**株式投資の儲けには税金がかかる**のです。**税率は20・315%**です。例えば、値上がりしたところで売って50万円儲かったとすると、約10万円を税金として納めなければなりません。これはバカになりません。

証券会社で専用の**NISA**《ニーサ》**口座**《こうざ》を開設し、それを使って取引すると、**年間120万円までの投資で得た利益**（値上がり益《えき》と配当金）**には税金がかかりません。**

NISAで売買すればメリット大！

株で儲けると…

20.315%の税金がかかる

NISAを利用すれば…

年間120万円までの
投資で得た利益は非課税

非課税期間は、**5年間**。私たちのようなフツーの投資家にはけっこうな恩恵《おんけい》です。株式だけでなく、投《とう》資《し》信託《しんたく》の購入にも利用できます。

窓口は、証券会社だけでなく、銀行や郵貯《ゆうちょ》、保険会社などの金融機関でも可能。

証券会社で株式の取引口座を開設する際には、一緒にNISA口座を開設しておくといいでしょう。

その他、0歳〜19歳の未成年向けの**ジュニアNISA**（非課税枠80万円、期間5年間）や、積立《つみたて》投資向けの**つみたてNISA**（非課税枠40万円、期間20年間）という制度もありますから、うまく利用しましょう（令和2年度税制改正で変更あり。詳細は48ページを参照）。

改訂版
超入門 株の教科書

Chapter 1 株ってどんなもの？

CONTENTS

Chapter 3 儲かる銘柄を探そう

CONTENTS

CONTENTS

本書に書かれている情報や内容は、とくに明記がない場合は、2021年4月末時点のものです。執筆後に変更されている場合がありますので、ご了承ください。

●編集協力／有限会社クラップス

●デザイン・DTP／田中由美

●イラスト／横井智美

Chapter1

株って どんなもの？

01

「株を始める」っていうけれど、そもそも株ってなに？

ユキ先輩！　**野菜のカブ**とか
ベタなギャグはいりません！

じゃあ、高杉くんは
株ってなにか、わかっているの？

うーん。たぶん、**株式会社**の
「**株**」のことですかね？

株は、正しくは「**株式**」というんだ
カンタンにいうと
会社が出資を受けた証拠だね

会社が事業を行ったり、規模を大きくするには、たくさんのお金（**資金**《しきん》）が必要です。

そこで会社は、そのお金を出してくれる人（**出資者**《しゅっししゃ》）を集めます。そして、お金を出してくれた証拠として、**株式**《かぶしき》を発行します。

自分のお金を会社に出した出資者は、会社がそのお金を使って順調に事業を行い、儲けを生み出したときには、その**儲けの一部を受け取る**ことができます。

逆に、会社が赤字を出して倒産《とうさん》してしまったときは、出資した分のお金は損してしまいます。

つまり出資者は、会社へ**投資**《とうし》するのです。出資者のことを**投資家**《とうしか》というのはそのためです。

では、もしも出資者が急にお金が必要になって、もっている株式を売りたくなったら、どうすればいいでしょうか。

会社へ株式をもっていっても、買い取ってはくれません。そこで、株式を売り買いする場所が必要になります。それが**証券取引所**《しょうけんとりひきじょ》などの**株式市場**《かぶしきしじょう》です。

ただ、誰でも売り買いできるのは、**株式市場に上場**《じょうじょう》**している会社の株式**に限られます。

会社、出資者、株式はこんな関係だよ

ギモン解決!

上場《じょうじょう》ってなに?

自社の株式を、誰でも自由に売り買いできる**株式市場で取り扱える**ようにすることだよ

02

株を買って、株主になると、どんないいことがあるの？

会社に出資した人は、会社が上げた**利益の一部をもらえる**んですね

これを**配当**といい、もらえるお金を**配当金**というんだ

じゃあ、株を買って、もっていれば、誰でも配当を期待できるのね

その通り。株をもっていると、**ほかにもいいことがあるよ**

会社に出資した人は、出資した分の株式を会社から発行してもらえます。株式を所有する人のことを、**株主**《かぶぬし》といいます。

その株式が株式市場に売りに出されると、それを買った人が新たな株主となります。

株主とは、会社にお金を出している、いわば**オーナー**です。そのため、株主には出資した範囲内で、会社に対していろいろなことを要求する権利（**株主権**《かぶぬしけん》）をもっています。

まず、会社が上げた利益から**配**《はい》**当**《とう》を受ける（**配当金**《はいとうきん》を受け取る）権利が、その1つです。

また、**株主優待**《かぶぬしゆうたい》といって、会社から自社製品や商品券などのプレゼントをもらうこともあります。

さらに、株主は**株主総会**《かぶぬしそうかい》に出席することで、会社の経営に参加することもできます。ただ、総会に参加するには最低必要な株数が決められています。

もちろん、株の売買で儲けようという株主は、株価が上がったときに株式市場で売れば、買った値段との差額分の**値**《ね》**上**《あ》**がり益**《えき》（**売買**《ばいばい》**益**《えき》）を得ることができます。

株主になると、いいことがたくさん！

会社の上げた利益の一部が配当《はいとう》される（配当金《はいとうきん》をもらえる）

株主優待《かぶぬしゆうたい》が受けられる

株価が上がったときに売れば売買益《ばいばいえき》が得られる

株主総会《かぶぬしそうかい》に出席して経営に参加できる

やっぱりオーナーだもの
いいことたくさんね！

株式分割（P.31 参照）で
持ち株数が増えたり、
会社が倒産、解散したときに
残った財産の分配を
受ける権利もあるよ

ギモン解決！

株主総会《かぶぬしそうかい》ってなに？

株式会社で**最高の意思決定機関**だ。決算書の承認や役員の選出、解任など、会社の重要事項を多数決で決める場だよ

03

株をもっていると、会社から配当金がもらえる！

ところで、**配当金**って
いくらもらえるのかな？

それは**会社によって違う**んだ
中には**ゼロ**のところもあるよ

えっ！　全然もらえないの？

配当しないことを**無配**という
ただ、業績が悪くなくても
わざと無配にすることもあるんだ

株式会社の目的の1つは、**会社が稼《かせ》いだ利益を、株主に分配する**ことです。**配当《はいとう》を受ける**ことは、株主にとって大事な**権利**なのです。

配当金の額や、1年間に何回の配当を受けられるかは、会社によって違います。

ちなみに、東京証券取引所第1部に上場《じょうじょう》している会社の**配当《はいとう》利回《りまわ》りの平均は1・73％**強です（2021年3月12日現在）。

大手都市銀行の普通預金の金利は0・001％、定期預金金利（1年）でも0・002％ですから、ほとんど金利がつかない状態。配当利回りの優位さが光ります。

株は、値上がりして売ったときの利益が大きいので、配当はオマケのように見られがちですが、投資家の中には**安定した配当をしてくれる会社の株を中心に買う**人も少なくありません。

配当を受ける権利が得られる日は決まっている

配当ねらいは、株の売買益をねらった投資に比べてリスクが少ないので、余裕資金であれば銀行に預けておくよりはまし、と考えることもできます。

株を売らなくても、配当金で儲かるぞ!

配当金《はいとうきん》の受け取りは株主の権利!

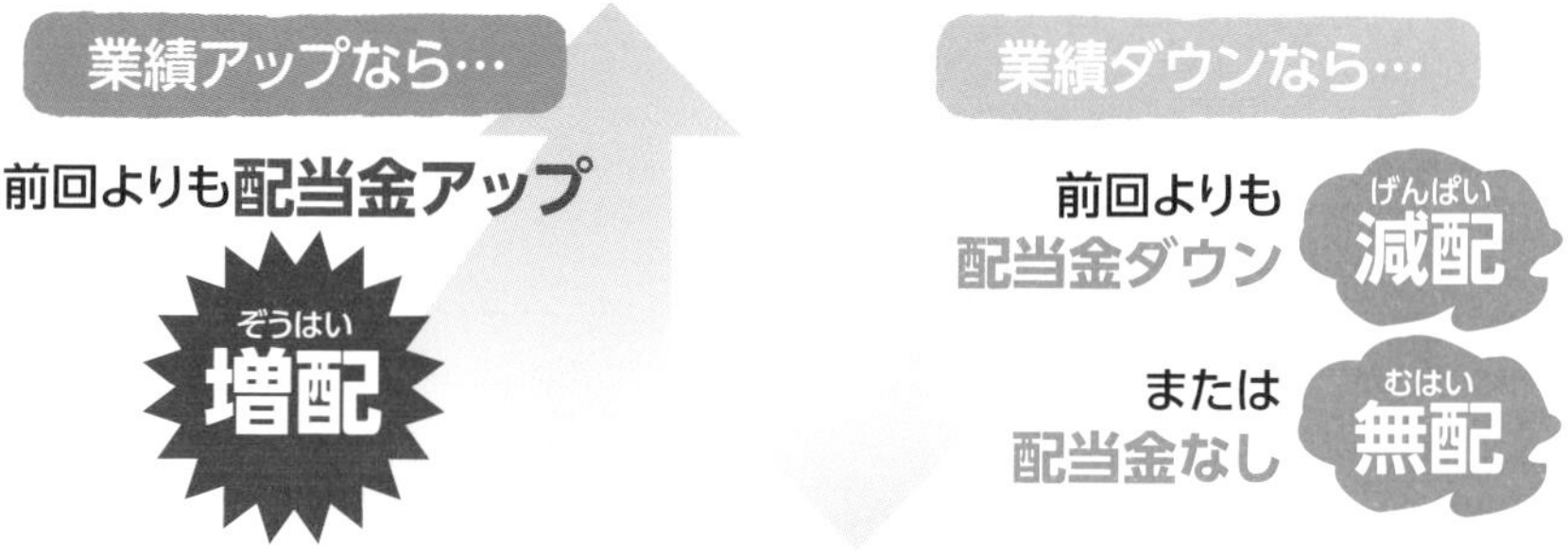

配当は、会社の業績がよければ増える(**増配《ぞうはい》**)こともありますし、逆に業績が悪ければ減ったり(**減《げん》配《ぱい》**)、配当自体が行われない(**無《む》配《はい》**)こともあります。

また、新興《しんこう》の成長企業などでは、**業績が好調でも無配にする**ことがあります。配当しない分のお金を将来の事業に先行投資《せんこうとうし》して、さらに成長をとげるためです。また、これにより株式市場で**株価が高くなる**ことも期待できます。

なお、配当を受けるには、会社が決めた日(**権利確定日《けんりかくていび》**、または**基準日《きじゅんび》**)に株主でいなくてはなりません。以前に株をもっていても、この日にもっていなければ配当は受けられません。

04

株をもっていると、会社から株主優待が受けられる!?

配当のほかに、株主へ
プレゼントがある会社もあるよ

プレゼント？
タダでなにかもらえるんですか？

株主優待といって
自社製品の詰め合わせや、商品券、
食事券、施設利用券なんかをくれるんだ

エーッ！
私がほしいものもあるかしら！

会社によっては、株主に**自社の製品やサービスを無料で提供**してくれることがあります。これを**株**《かぶ》**主優待**《ぬしゆうたい》といいます。

株主優待は、会社のピーアールの一環《いっかん》として事業内容を知ってもらうほか、会社（法人）ではなく個人の株主を増やしたり、長期にわたって株を保有してもらうなどの目的で行われています。

無料でプレゼントしてくれるのは、自社製品の詰め合わせや商品の引換券、食事券、クオカードなど魅力的なものばかり。会社ごとに特色があります。投資家の中には、自分がほしい株主優待を探して株を購入している人もいます。

ほとんどの優待品が金額に換算できますから、（配当利回りと同じように）株式購入する際の時価《じか》で割ると**優待利回り**《ゆうたいりまわ》が計算できます。利回りの高低を考えながら選ぶのもいいでしょう。

気をつけてほしいのは、配当と同じく、**権利確定日**《けんりかくていび》（**基準日**《きじゅんび》）が決まっていること。この日に株主になっていないと、優待は受けられません。

また、決められた**一定数の株を保有**していなくてはなりません。

株主優待は、株主が無料で受けられる特典だ！

権利付き最終売買日 ← 株を買うなら権利確定日の2営業日前までに

27日(木)	28日(金)	29日(土)	30日(日)	31日(月)
営業日	営業日	非営業日	非営業日	営業日

権利落ち日 ← 28日・31日に買っても株主優待の権利はない → 権利確定日（決算日が多い）

05

目移りするほどバラエティ豊か！魅力いっぱいの株主優待！

ジュースの詰め合わせ、レストランの食事券、
お買い物の割引券、レジャー施設の入場券…
あぁっ、どれにするか迷うわ♪

あのう……
株を買うのはボクなんですけど

あなたが株を買って、**株主優待**は
私がもらう。それでいいじゃない！

余ったら友達にあげたり、交換するのもいいね

株主優待《かぶぬしゆうたい》は、株主にとって大きな魅力であり、企業も内容の充実に力を入れています。人気の銘柄《めいがら》（会社のこと）を取り上げると…。

日本航空は、国内線の旅客運賃を50％割り引く優待券を提供（100株以上）。

百貨店の**髙島屋**は、店内での買い物を10％割引する優待カードを発行（100株以上）。

オリエンタルランドは、ディズニーランド、ディズニーシーの1日パスポート券をプレゼント（100株以上）。

日本マクドナルドホールディングスは、バーガー類ほか3種類の商品の無料引換券が1枚になった優待券6シートをプレゼントしてくれます（100株以上）。

伊藤ハム米久《よねきゅう》ホールディングスは、5000円相当の自社製品です（1000株以上）。

また、これらの優待は、保有する株数が多いほど、また保有している期間が長いほど、**特典が増えること**があります。

どの会社が、どんな株主優待を実施しているかは、各証券会社のホームページや、『会社四季報《かいしゃしきほう》』の巻末などに掲載されています。

あなたは、どの株主優待を選ぶかな♪

自社製品
亀田製菓、ダイドーグループホールディングス、カゴメ、ファンケル、資生堂、小林製薬　など

図書カード
稲葉製作所、ぴあ、秀英予備校、新晃工業、カンダホールディングス　など

クオカード
朝日放送グループホールディングス、テレビ東京ホールディングス、東映アニメーション、マキタ　など

施設利用優待（割引）券
サンリオ、ルネサンス、東京楽天地、オリエンタルランド、日本スキー場開発、富士急行　など

買い物優待（割引）券
ビックカメラ、ニトリ、はるやまホールディングス、ノジマ、コナカ、いなげや、キャンドゥ　など

食事券
鳥貴族ホールディングス、幸楽苑ホールディングス、モスフードサービス、テンアライド、くら寿司　など

自社の商品券
マツモトキヨシホールディングス、ジョイフル本田、神戸物産、丸善CHI ホールディングス　など

ギフトカード
イオンモール、ニプロ、ダイイチ、アークス、リテールパートナーズ、シークス、コメリ　など

株主優待（割引）カード
東急レクリエーション、高島屋、クスリのアオキホールディングス、サンマルクホールディングス　など

お米
積水ハウス、岡谷鋼機、中部飼料、タカラレーベン、システムインテグレータ　など

※2021年4月現在

優待の内容は、変更されることがあるので
各社のホームページなどで確認しよう

06

やっぱり株の楽しみは、ドーンと一攫千金！

株を買うと、配当金がもらえて、
株主優待もあって、いうことなしネ！

でも、これから株を始める人たちは、
もっと大きく儲けたいだろうね

ぼくも**株で一攫千金**を
ねらいたいなあ

じつは株にも、競馬の万馬券みたいな
スゴイ銘柄があるんだよっ！

株を売り買いする魅力は、なんといっても**一攫千金《いっかくせんきん》のチャンス**があることです。将来、大きく値上がりしそうな銘柄《めいがら》を探し出すのは、株の楽しみの１つです。

　工具や資材をネット通販するＭｏｎｏｔａＲＯ《モノタロウ》は、２００６年12月の上場時《じょうじょうじ》についた**初値《はつね》**が60万円でした。その後、企業のネット注文が急増し、２０１９年12月期にかけて売上高で14倍以上、純利《じゅんり》益《えき》だと24倍という高い成長をとげ、**株価も右肩上《みぎかたあ》がりに上昇**しました。

　では、もし12年前の上場時に、初値の60万円で同社株を１株（当時は売買単位《ばいばいたんい》１株）買ったら、いまどのくらい儲《もう》かっているのでしょうか。

　この間、同社は**株式分割《かぶしきぶんかつ》**を積極的に行ったため、株主の保有株数は２０２１年３月末現在で１万２８００株に増えています。３月末の株価は２９９４円ですから、時価《じか》は３８３２万３２００円。株を買った当時の63・87倍です。

　株価上昇に加え、**株式分割による保有株数の増加**。それが株式投資で**一獲千金《いっかくせんきん》**をねらう〝肝《きも》〟です。保有株数が増えると、**配当金が増える**というメリットもあります。

もしも上場直後のMonotaROを1株買っていたら…

株式分割が繰り返された結果、
上場直後に買った**1株**が、
いまは**1万2,800株**になった!

	株式分割の内容	保有株数
2006年12月に上場!		**1株**
2009年5月	1株 → 200株	200株
2010年8月	1株 → 2株	400株
2011年8月	1株 → 2株	800株
2013年4月	1株 → 2株	1,600株
2015年10月	1株 → 2株	3,200株
2018年10月	1株 → 2株	6,400株
2021年3月	1株 → 2株	**1万2,800株**

株の資産は…

約63倍に!

ギモン解決!

株式分割《かぶしきぶんかつ》ってなに?

発行済みの株式1株を、2株に分割するなどして、**株式数を増やす**ことだ。株主は無償で保有株数が増えるし、会社は1株あたりの**株価が下がる**ので、多くの投資家に株を買ってもらえるメリットがあるんだ

07

株価はどうして、上がったり下がったりするの？

ところで、**なぜ株の値段は**
上がったり下がったりするのかな？

そういえば前に、
不祥事を起こした会社が
株価を大きく下げたって聞いたわ

会社の業績や事件も含めて、
株式市場で投資家たちが
どんな見通しをもつかが、
株価の変化につながるんだ

株価《かぶか》は、株の売買が行われる**株**《かぶ》**式市場**《しきしじょう》で決まります。株式市場での株価は、買いたいと思う人が、売りたい人よりも多ければ**上がります**。反対に、売りたい人が多くて、買いたい人が少なければ、株価は**下がってしまいます**。

　投資家たちが、株価のゆくえを先読みして、「これから上がりそうだから、先に買っておこう」とか「下がりそうだから、いまのうちに売ろう」などとアレコレ考えて売買した結果が、株価の変化となるのです。

　では、投資家たちはどうやって株価のゆくえを予測するのでしょうか。それには、多くの要因が複雑にからみ合ってきます。

　基本的に株価は、その会社にどれくらいの**投資価値**《とうしかち》があるかで決まります。それは会社の**業績**や**資産状況**、将来の**経営計画**、**新商品**や**新技術**の動向などによって総合的に評価されます。社会的な信用を落とす**不祥事**《ふしょうじ》なども、ただちに株価に影響します。

　それだけではなく、**金利**《きんり》や**為替**《かわせ》、**景気**、**政治**、あるいは**天候**や**流行**など、さまざまな要因が株価の動きに関係してきます。

株を売りたい人、買いたい人のバランスで株価が決まる

投資家の見通しが変わると、株価は動くんだ

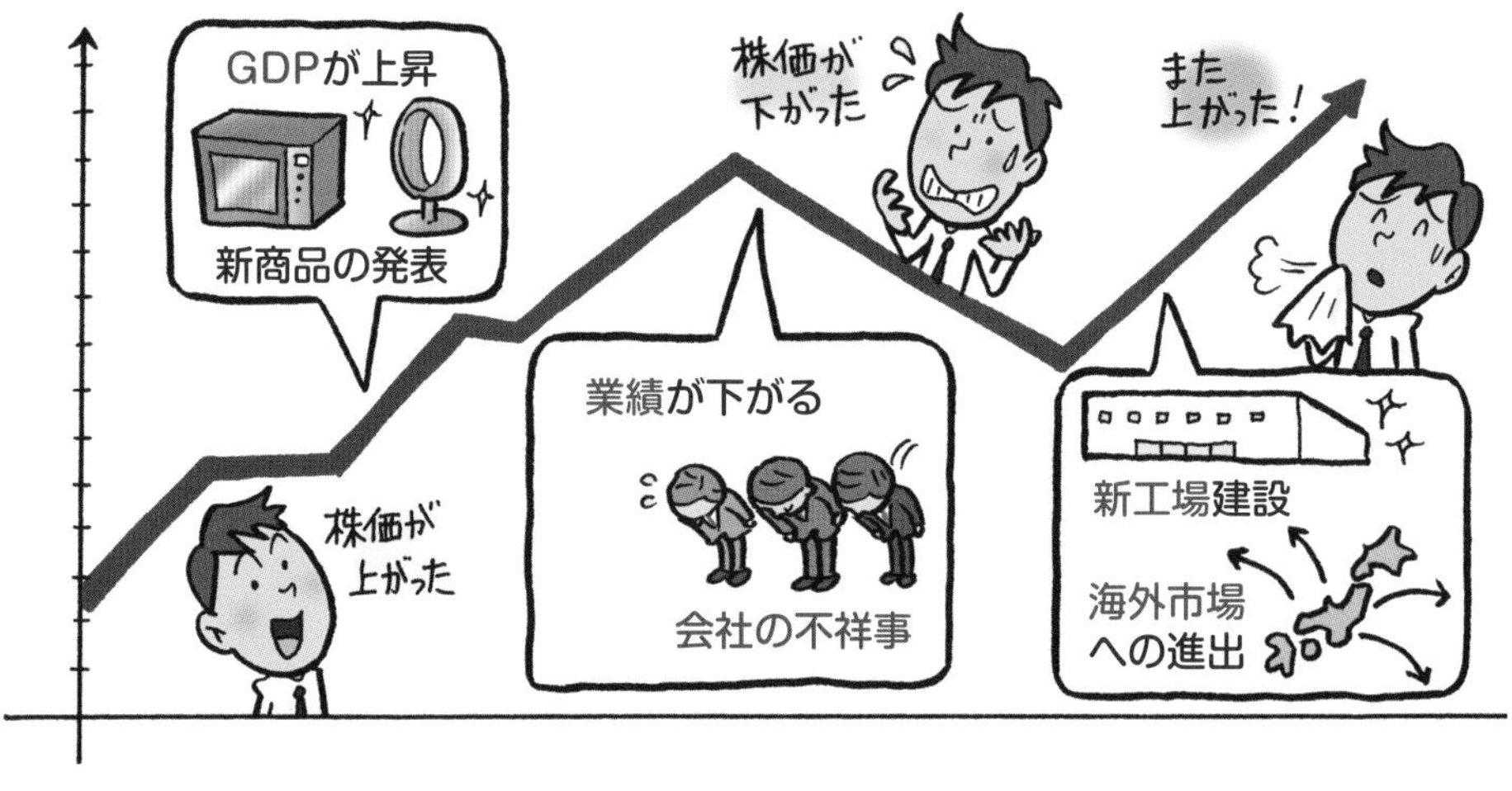

08

株を売り買いしたいときは、どこへ行けばいいの？

株主優待で搭乗割引がある
ANAの株を買おうかな♪

エッ！ ユキ先輩も株を買うんですか！…でも、
ANAの株はどこで売っているのかな？

そりゃあ、**証券会社**よ

正確にいうと、証券会社は
私たちが出す売買の注文を、
株式市場に取り次いでくれているんだ

ＡＮＡ（全日空）の株は、空港のカウンターで売られているわけではありません。株の売り買いは、すべて**株式市場**で行われます。

株式市場は、**東京証券取引所**《とうきょうしょうけんとりひきしょ》（**東証**《とうしょう》）をはじめ、国内に４ヵ所ある**証券取引所**で開かれています。

企業が自社の株を株式市場で売り買いできるようにするには、これらの取引所に登録しなくてはなりません。これを**上場**《じょうじょう》といいます。

ただし、私たちは証券取引所で**直接、株を売り買いすることはできません**。その仲介役《ちゅうかいやく》をしているのが、**証券会社**《しょうけんがいしゃ》です（金融庁《きんゆうちょう》に「金融商品取引業者《きんゆうしょうひんとりひきぎょうしゃ》」の登録をしている会社に限る）。

私たちが株を売り買いするときは、**証券会社に注文を出します。**証券会社は私たちに代わって、受けつけた注文通りの売買を証券取引所でしてくれるのです。

注文を出すには、証券会社の店舗へ行き、**窓口**で注文するほか、**電話**や、インターネット上の**ホームページ**から注文を出すこともできます。

最近では店舗をもたない、**インターネット専業**の証券会社を経由した取引が多くなっています。

株の売り買いは、証券会社を通して行われるよ

いろいろな株式市場が開かれています

札幌証券取引所（札証《さっしょう》）

● 一般市場
● 新興市場：アンビシャス

名古屋証券取引所（名証《めいしょう》）

● 一般市場：第１部、第２部
● 新興市場：セントレックス

※このほか大阪に、先物取引やオプション取引など、デリバティブ市場専門の大阪取引所がある

東京証券取引所（東証《とうしょう》）

● 一般市場：第１部、第２部
● 新興市場：マザーズ、ジャスダック

※東証は 2022 年 4 月から現在の 4 市場を 3 市場に再編する計画

福岡証券取引所（福証《ふくしょう》）

● 一般市場
● 新興市場：Q-Board（キューボード）

09

予算があまりないけれど、株は1ついくらで買えるの？

叔父さん、ANAの株って、
1ついくらで買えるのかしら？

株価は1株 2,585 円だよ
でも実際に買うには、
最低でも 25万8,500 円は必要だ

※2021 年
3/12 現在

どうしてそんなに
高くなるんですか？

ANAの株は**1株だけでは買えない**よ
100株ずつでないと売買できないんだ

株は原則、**１株ずつ買うことはできません**。仮に、あなたが「15株だけほしい」と思っても、売ってくれないのです。

　株は、**最低でも何株ずつでないと売り買いできない**という、**売買の単位**が決まっています。この単位を**１単元《たんげん》**といい、１単元の株式数を、**単元株式数《たんげんかぶしきすう》**といいます。

　東京証券取引所は２０１８年10月に、それまでバラバラだった上場株式の**単元株式数を１００株に統一**しました。それにより株式を購入する場合に最低限必要な金額を算出するには「**株価×１００**」という計算式だけを頭に入れておけばよくなりました（手数料は別途必要）。ＡＮＡなら「２５８５円×１００」で最低25万８５００円が必要ということになります。

　以上は取引所で取引する場合の話です。「もっと少ない金額でお試《ため》し買いができないか」という人のために、サービスで単元未満株《たんげんみまんかぶ》の売買を受け付けてくれる証券会社もあります。これを「**ミニ株**」（「ワン株」「プチ株」など）といいます。これだと1株単位で購入が可能です。数百円～１０００円での購入も可能になりますね。

株を売り買いできる最小の単位が決まっているよ

銘柄《めいがら》ごとに、**売買できる最小単位**がある
これを**1単元《たんげん》**という
1単元の株式数を、**単元株式数《たんげんかぶしきすう》**というんだ

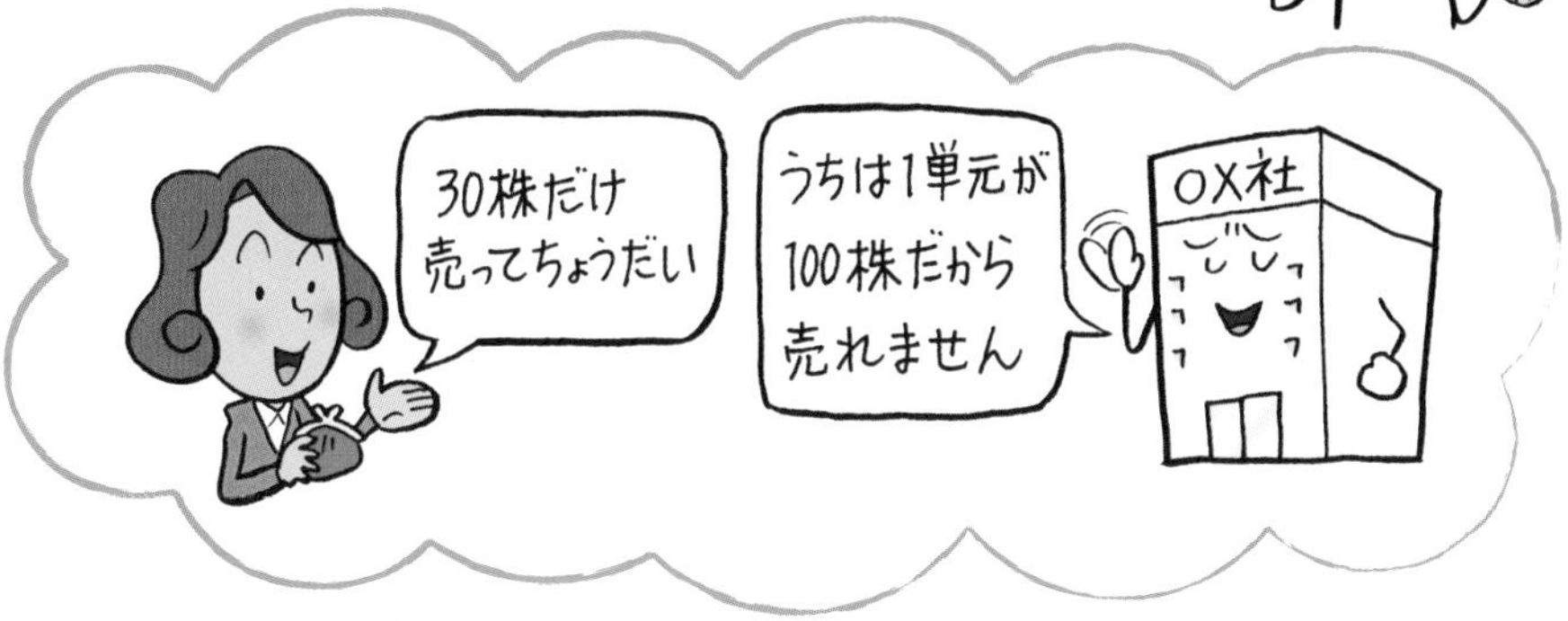
30株だけ売ってちょうだい
うちは1単元が100株だから売れません
○×社

2018年10月1日から
東証がルールを変更したよ

単元株式数は、すべて100株に!

だから、株式を購入をするのに
最低必要な資金の額を計算するには
次の計算式を使えばいいんだ

株価 × 100

たとえば、株価800円のA社株を
購入するのに、最低いくら必要かというと…
〈800(円)×100=8万円〉
と、すぐに計算できるね!

10

日中は忙しいけれど、株は朝晩いつでも買えるの？

ANAよりも安く買えて、上がりそうな株を見つけちゃった！　早く買いたいな！

ザンネン！　今日は休日だから、**株の取引はやっていない**んだよ

いつでも株が買えるわけじゃないんですね

証券取引所は取引時間が決まっているんだ。でも、証券会社に**注文を出すことはできる**よ

株の取引が行われる（売買《ばいばい》が成立する）時間は、証券取引所ごとに決まっています。

例えば、**東証《とうしょう》**の取引時間は、**平日**（祝日以外の月曜～金曜）の、午前9時～11時30分の間と、午後12時30分～15時までの間の、**合計1日5時間**。

午前中の取引を**前場《ぜんば》**、午後の取引を**後場《ごば》**と呼んでいます。

これ以外の時間でも、証券会社が営業していれば、**売買の注文を出すことはできます**。

インターネットを使った取引なら、ほとんどの証券会社が営業時間外でも**24時間、土日・祝日**も注文を受けつけています（メンテナンス時間を除く）。

これなら、仕事帰りの夜中や、休みの日にじっくりと検討して、注文を出せますね。

休日や夜間など取引時間外に出された注文は、次に取引がある日の**寄《よ》り付《つ》き**（その日の最初の取引）で処理されます。

また、証券会社によっては、**P《ピー》T《ティー》S《エス》**といって、証券取引所が閉まっている**夜間でも株の取引ができるシステム**（**私《し》設《せつ》取引システム**）があるところもあります。

株の取引時間は、取引所ごとに決まっているよ

東京証券取引所の例

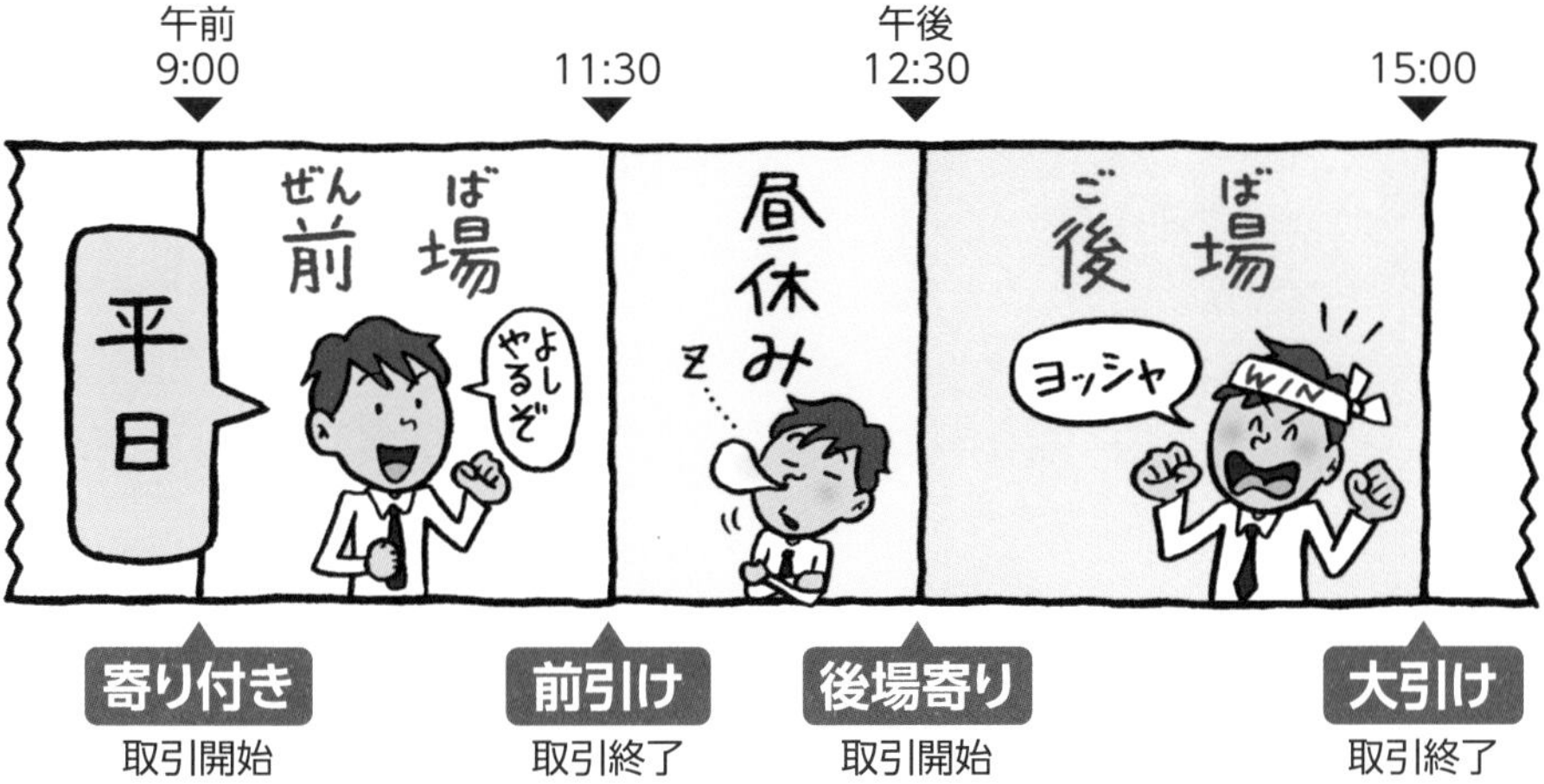

年末年始は休みになる

1年のはじめの取引開始日を**大発会**《だいほっかい》、
最後の取引日を**大納会**《だいのうかい》というんだ

PTSなら、夜間の取引もOK！

PTS《ピーティーエス》は、証券取引所ではなく、
ネットワーク上に開かれた、私設の**株の取引市場**だよ

メリット

- **夜間**など、証券取引所の取引時間以外でも、株の取引ができる

デメリット

- すべての銘柄ではなく、**決められた銘柄**しか取引できない
- 利用者が少ないと、**取引が活発に行われない**ことがある

11

株を売り買いするには、代金以外に費用がかかるの？

ユキ先輩は、いくら株を買うんですか？

そうねえ。予算は30万円までネ

へえー。ボクはもっと少額から始めて、
まめに売り買いをしたいなあ

じつは、株を売買するときは、株の
購入代金のほかに、**取引手数料**といって、
証券会社に払うお金がかかるんだよ

証券会社に支払う**取引手数料**《とりひきてすうりょう》は、手数料のかかり方や金額が、**証券会社ごとに違う**ので注意しましょう。

取引手数料には、**1回の取引（約定《やくじょう》という）ごとにかかる**タイプと、**1日定額制**のタイプがあります。

いずれも、料金は**取引額**によって決まります（10万円まで○円、100万円まで○円、など）。

1日に何回取引しても、合計の取引額で手数料が決まる定額制は、短期投資で稼ぐことを目的にしている**デイトレーダーに有利**な料金体系です。定額制とはいっても、取引を行わなかった日には手数料はかかりません。

また証券会社によっては、売り買いの注文方法によって手数料を変えているところがあります。

はじめて株にチャレンジする人には、証券会社の店頭や電話で注文を出すのではなく、**インターネットで注文する**ほうをおすすめします。そのほうが、**取引手数料が安くすむ**からです。

とくにインターネット専業の証券会社は、いずれも手数料の安さを売りにしています。

株を買うときも売るときも、証券会社に取引手数料を払う!

取引手数料には、大きく2つのタイプがあるよ

1回の取引(約定)ごとにかかるタイプ

取引手数料は1回の取引額で決まる

※約定とは、売買取引が成立すること

1日定額制のタイプ

1日の取引回数は何回でもOK。取引手数料は、1日の合計取引額で決まる

料金プランは証券会社によっていろいろ

どんな手数料体系になっているかは、**証券会社を選ぶ**ときの、大事な判断材料の1つです。

各証券会社は、お客様を増やし、利用してもらうために、**独自の料金プラン**を開発しています。

例えば、いくらまで、いつまでなら**手数料無料**とか、期間限定で**キャッシュバック**を実施、NISA口座の取引は手数料無料とするなど、さまざまな工夫をこらしています。

ネット上には証券会社のサービスを比較するサイトがたくさんあるので参考にしましょう。

12

株で儲けたら税金がかかる？ どうやって払うの？

それじゃ最後に、**税金**の話をしておこう

ハー。まだ儲かっていませんけど…

宝くじの大当たりとは違い、
株の儲けには税金がかかる
税率は 20%以上だ

けっこう、しっかりとるのね

はじめて自分で**確定申告**
することになるかもしれないね

株式投資で**税金がかかる**のは、①1年間の売買を通じて、トータルで**20万円超のプラスの売買益《ばいばいえき》**を得た場合と、②**配当金《はいとうきん》**を得た場合です。いずれも**所得税《しょとくぜい》**（国税）と**住民税《じゅうみんぜい》**（地方税）がかかり、2つ合わせた**税率**は**20・315%**（復《ふっ》興特別所得税《こうとくべつしょとくぜい》を含む）になります。

売買益がプラスになった年は、翌年の春に、**税務署《ぜいむしょ》に確定申告《かくていしんこく》**して税金を支払います。

このとき、勤め先の会社から得た給与や、不動産で得た所得などとは切り離し、**申告分離課税《しんこくぶんりかぜい》**というもので申告します。

中には「確定申告なんて、やったこともないし面倒だ」と思う人もいるでしょう。そういう人には、証券会社に**特定口座《とくていこうざ》を開設《かいせつ》すること**をおすすめします。

特定口座を開くときに「**源泉徴《げんせんちょう》収《しゅう》あり**」にしておくと、証券会社のほうで税金の徴収や納税をしてくれるので、**自分で確定申告する必要がありません**。

一方、「**源泉徴収なし**」のほうを選ぶと、株の売買の収支計算だけは証券会社がやってくれるので、その報告書をもとに**自分で確定申告します**。

株で儲けたら、税金がかかるよ

1年間のトータルで**20万円超の売買益《ばいばいえき》**を得た！ → 所得税、住民税が課税 税率 **20.315%** → **申告分離課税《しんこくぶんりかぜい》**で**確定申告**

配当金《はいとうきん》を得た！ → 所得税、住民税が課税 税率 **20.315%** → **源泉徴収《げんせんちょうしゅう》されるので確定申告は不要**

証券口座の種類と内容

一般口座《いっぱんこうざ》

- **自分で確定申告する**（20万円超の利益が出た場合）
- 証券会社は、取引があるたびに**取引報告書**を用意してくれる

特定口座《とくていこうざ》
源泉徴収あり

- 株の売買益には、証券会社が源泉徴収して納税してくれるので、**自分で確定申告しなくていい**
- 証券会社は、1年を通じた**年間取引報告書**を用意してくれる

特定口座
源泉徴収なし

- 株の売買益には、証券会社による源泉徴収がないので、**自分で確定申告する**（20万円超の利益が出た場合）
- 証券会社は、1年を通じた**年間取引報告書**を用意してくれる

払い過ぎた税金は取り戻せる

では、特定口座の「源泉徴収あり」にした場合で、もしも1年間の株式売買の収支が最終的にマイナスになったときは、どうなるでしょうか。

そのときは、自分で確定申告すれば、**払い過ぎてしまった税金を取り戻せることがあります。**

また、株の売買により発生した損失《そんしつ》分は、その**翌年以降の3年間で得られたプラスの利益分と通算《つうさん》して、相殺《そうさい》すること**ができます。つまり、税金が安くなります。

なお、**配当金**については、基本的に**源泉徴収される**ので、**確定申告の必要はありません。**

13

投資額120万円まで税金ゼロ。NISAってどんなしくみ？

手数料に税金…。株の売り買いって、
けっこうお金がかかるんですね

株価が倍になっても、
喜んでばかりはいられないわね

ところが、
税金をゼロにできる方法があるんだよ

エッ、そんなウラ技があるんですか！
ぜひ教えてください

ウラ技じゃなくて、
ちゃんとした**非課税制度**だよ

「人生100年時代」――なんて言葉が、どこからともなく聞こえてきます。

長い、長～い老後に備えて、いまからしっかりと資産を作っておきたいものです。

そのための有利で便利な制度の1つが「**NISA**《ニーサ》（少額投資非課《しょうがくとうしひか》税制度《ぜいせいど》）」です。

ここでは株式投資を通じて資産を作るため、NISAの賢い使い方を見ていきましょう。

前のページで見たとおり、株の儲けには必ず**税金**がかかります。それも税率が20・315％（復興《ふっこう》特別所得税《とくべつしょとくぜい》を含む）ですからバカになりません。

でも、**この税金をゼロにできるお得な制度**がNISAです。

合計600万円までの非課税枠が使える！

毎年、**120万円までの新たな投資**で得られた、**株式**や**株式投資**《かぶしきとうし》**信託**《しんたく》の売買益、配当金（分配金《ぶんぱいきん》）が**非課税**《ひかぜい》になります。

これを利用するには、通常の証《しょう》券口座《けんこうざ》とは別に、**NISA専用の取引口座**《とりひきこうざ》を開設する必要があります（1人1口座）。

NISA（少額投資非課税制度）ってなに？

投資対象はなに？

株式や株式投資信託などの売買益、配当金（分配金《ぶんぱいきん》）

非課税となる投資枠は？

毎年の新規投資120万円まで
（最大600万円まで）

非課税となる期間は？

最長で5年間

非課税となる期間は、**最長で５年間**です。

例えば、１２０万円で買ったA社の株が、5年後には5割上昇して１８０万円になったとします。売却すると儲けは60万円ですが、通常はこれに税金が12万円以上かかってしまいます。手元に残る儲けは48万円以下に目減りしてしまいますね。

それが、**ＮＩＳＡ枠を使えば税金はゼロ**になるのです。

毎年、継続して１２０万円ずつ新規に購入していけば、**合計で６００万円までの非課税枠**を利用できます。

この非課税枠の利用は、年間１２０万円以下なら少額でもかまいません。

14

NISAとつみたてNISA、どっちを選んだほうがいい？

投資で儲けた分に税金がかからないならNISAを利用したほうが絶対トクね！

ユキ先輩、始める前からすっかり儲けた気分でいませんか？

NISAには3つのタイプがあるから自分に合ったものを選んで利用しようね
それにいまのNISA制度は
2024年から変わるんだ

どこが、どう変わるんですか？

左ページの図のように現在、NISA《ニーサ》には3つの制度があります。

このうちジュニアNISAは未成年者のためのNISA口座です。投資資金の出し手は両親や祖父母などの親権者。つまり、お子さんやお孫さんの将来のための投資の口座ですが、この制度は2023年末で終了してしまいます。

私たちが利用するケースが多いのは、**一般NISA**と、**つみたてNISA**のほうです。

上場株式《じょうじょうかぶしき》や株式《かぶしき》投資《とう し》信託《しんたく》など一般的な投資対象に投資できて、年間の非《ひ》課《か》税《ぜい》枠《わく》は120万円と大きいけれど、非課税となる期間が5年間と少ないのが一般NISA。

一方、つみたてNISAは、投資対象が**投資信託**に絞られ、非課税枠も**年間40万円**と少ないものの、非課税期間が**20年間**と長いのが特徴です。

この2つのNISAは、**同時に利用することはできません**。では、どちらを選べばいいでしょうか。

コツコツタイプにはつみたてNISA

年間120万円と、ビギナーには大きめの金額まで投資できて、

3つのNISAはどこが違う?

	一般NISA	つみたてNISA	ジュニアNISA※
対象者は?	20歳以上	20歳以上	未成年（0〜19歳、親権者が資金を出す）
非課税投資枠は?	年間120万円	年間40万円	年間80万円
投資対象は?	上場株式、株式投資信託など	投資信託（つみたてNISA対象商品）	上場株式、株式投資信託など
メリットは?	非課税効果が最大	長期、コツコツ派に最適	子供の将来に向けて

※2023年末に終了

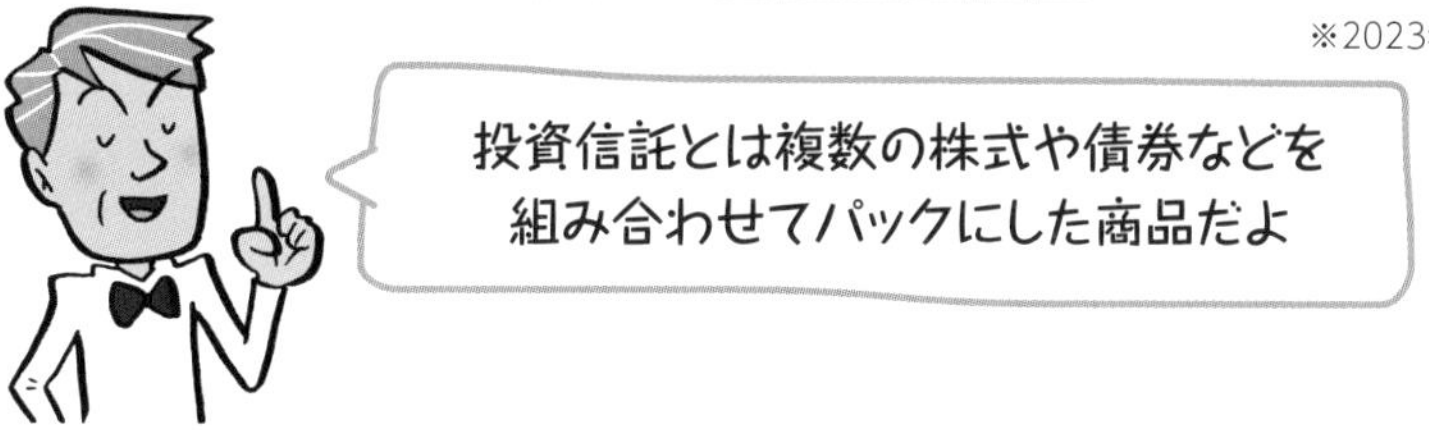
投資信託とは複数の株式や債券などを
組み合わせてパックにした商品だよ

株式投資の醍醐味《だいごみ》を味わいたい人には、**一般ＮＩＳＡ**がうってつけです。大きな値《ね》上《あ》がり益《えき》があったような場合、非課税枠を使って儲けをフルに享受《きょうじゅ》できます。

一方、少ない金額をコツコツ積み上げていくタイプの人には、**つみたてＮＩＳＡ**がおススメです。しかも投資対象となる投資信託は「安定的な資産形成にふさわしい」という観点から金融庁《きんゆうちょう》が厳選しているので安心です。

つみたてＮＩＳＡの年間の非課税枠は40万円。毎月3万3000円ずつ積み立て投資していくこともできるし、最初は数千円から始め、少しずつ増やしていくこともできます。自分のタイプに合った制度を選びましょう。

2024年からの新・NISAは2階建て！

現状の一般NISA

●非課税投資枠
年間120万円
(最大600万円)

●非課税期間
5年間

●投資対象
上場株式(日本株式、外国株式)、株式投資信託、ETF(上場投資信託 ➔P.122)など

●買い方
一括(スポット)購入でも積み立て購入でもOK

新・NISA

2階部分

●非課税投資枠
年間102万円(最大510万円)

●非課税期間
5年間

●投資対象
現状の一般NISAと同じ

●買い方
一括(スポット)購入でも積み立て購入でもOK

1階部分

●非課税投資枠
年間20万円(最大100万円)

●非課税期間
5年間

●投資対象
つみたてNISA対象商品の投資信託に限る

●買い方
積み立て購入に限る

さて、じつは**NISAのしくみは2024年から少し変わります。**

まず、**口座《こうざ》開設《かいせつ》可能期間が延長**されます。一般NISAは2028年まで、つみたてNISAは2042年までとなります。

また、一般NISAは2024年から上図のような**2階建て形式の新しい制度**に変わります。

1階部分にはつみたてNISAと同じような投資信託が入り、株式投資は2階部分に移ります。**非課税枠は年間122万円**（1階が20万円、2階が102万円）です。

ただしこの2階部分を使うには1階部分で積み立て投資を行わなければなりません。

新制度への移行に伴い、積み立て投資を勉強しておきましょう。

Chapter2
株を売り買いしてみよう

01

取引手数料やサービスを比較して、取引する証券会社を決めよう！

株とはどんなものか、
だいたいわかってきたかな？

はい。ますます興味がわいてきました
早く買いたいな

でも、**株の売り買いは**
自分では直接できないのよね

そう。だから、**証券会社に**
取引用の口座をつくるんだ

口座って、銀行口座みたいな
ものですか？

オークションサイトとは違い、株の売り買いは証券会社に代行してもらわなくてはなりません。そのため、**証券会社を選んで**、取引を行う**証券口座**《しょうけんこうざ》をつくります。

一般的な証券会社は、実際に店舗をもち、店頭や電話で**対面取引**《たいめんとりひき》を行っていますが、店舗をもたず、インターネットによる取引を専業とする**ネット証券**もあります。

いずれにしても、**これから株を始める人**は、インターネットによる**ネット取引**をおすすめします。そのほうが、証券会社に支払う**取引手数料が安い**上に、**マイペース**でサクサク取引できます。

大事なのは、**どの証券会社にするか**。

一番大きな違いは、**取引手数料**です。金額のほか、課金《かきん》システムもいろいろとあります。とくに取引回数が多いと、手数料の違いがあとで大きな差となります。**複数の会社で比較**しましょう。

また、サービスで提供される**情報ツール**、**取引ツール**も、各社独自のものが用意されています（一部有料）。お試し版を体験してみるなどして、自分に合った、使い勝手のいいものを選びましょう。

ビギナーには、ネット取引がおすすめ！

店頭や電話での
対面取引よりも…
いまは
ネット取引が主流！
WIN

証券会社は、なにで選べばいいかな？

証券会社はたくさんあるよ
ネットで検索してみよう！

取引手数料で選ぶ

とくに取引回数が多い場合は、数円の手数料の違いが、トータルで大きなコストの差となる

ツールで選ぶ

初心者用からプロ級向けまで、各社が独自の情報ツール、取引ツールを用意している。試しに使ってみて、自分に合ったものを選びたい

取り扱い商品で選ぶ

国内の上場株式だけではなく、外国株や投資信託、FXなども取り扱う会社がある

※複数のネット証券に口座を開設して使い分ける、という裏ワザもある

口座を開くだけなら、
通常は無料
口座を開くと
キャッシュバックする
証券会社もあるよ

02

証券口座を開こう！ 申込みはネットでできるよ！

ボクは、手数料が安いネット証券の中から、自分に合いそうなところを見つけました

私は、名前を知っているところにするわ

では次に、**口座を開設する手続き**をしよう。申込みはネットで簡単にできる その前に**本人確認書類**の画像を用意しておこう

マイナンバーカードでOKですね！

証券会社が決まったら、**証券口《しょうけんこう》座《ざ》**を開設しましょう。申込みはパソコンやスマートフォンを使って**ネットで簡単に**できます。手続きの流れは証券会社によって異なりますが、一般的には次の通りです。

●本人確認書類の画像を用意

手続きの前に**本人確認書類の画像**を用意します。本人確認書類はマイナンバーカードなら1枚でOKですし、なければ、マイナンバーの「通知カード」に運転免許証やパスポートなどを加えてセットにし、デジタルカメラやスマートフォンで撮影します。

●メールアドレスを登録

はじめに証券会社のホームページ上の指定画面に、**自分のメールアドレスを入力**します。すると案内メールが届くので、そこに載っている申込み手続き用の画面のURLにアクセスします。

●申込み手続きを行う

手続き画面で、名前や住所などの**個人情報**を入力します。また用意した**本人確認書類の画像データ**をアップロードします。

●口座開設完了通知を受け取る

手続きを済ませると、証券会社がメールや郵送で**口座開設完了通**

ネットで証券口座を開設する流れ

1 **本人確認書類の画像を用意する**

2 **メールアドレスを登録する**（仮登録）

3 **証券会社からメールが届く**
（申込み用画面のURLが記載されている）

4 **申込み用画面で、個人情報の入力と本人確認書類の画像のアップロード**

5 **口座開設完了通知を受け取る**

6 **購入資金を口座へ入金する**

株の売買をスタート!

知を送ってきます。この通知には口座番号や取引画面にログインするためのパスワードなどの重要な情報が書かれています。**NISA《ニーサ》口座、ジュニアNISA口座、つみたてNISA口座**については、証券口座の開設が完了後に改めて開設申込みをします。

●購入資金を口座へ入金する

　取引を始める前に、忘れずに購入資金を指定の口座へ入金しましょう。取引のたびに手数料がかかるので、その分も考えて資金は多めに入金しておきます。

●郵送や電話にも対応

　口座開設はネットでの手続きのほか、証券会社によっては郵送や電話での手続きにも対応しています。

03

注文画面を見てみよう！ どんな情報を入力するのかな？

口座開設完了の通知書が届きました
これでいよいよ注文できますね！

なんだかワクワクするわね

売買の注文は、**取引画面**に必要事項を
入力していく。**誤発注**しないようにね

おどかさないでください！

ビギナーは間違いやすいから、
正式な注文を出す前に**デモ取引**で
練習してみるといいよ

いよいよ取引開始です！

売買の注文を出す取引画面は、証券会社ごとに異なりますが、基本的な入力事項や注意すべき点は一緒です。

●銘柄名、銘柄コードは？

4ケタの数字を間違えないように。

●証券取引所（市場）はどこか？

東京証券取引所（東証）、名古屋証券取引所（名証）など。

●売り注文か、買い注文か？

あらかじめ、売り注文の画面と、買い注文の画面が別々になっているケースもあります。

●証券口座の種類は？

一般口座、**特定口座**のどれか。

●売買する株数は？

株数を間違えると大変です。

●注文の出し方はどうするか？

注文の出し方には、いくつか種類があります（56ページ参照）。

●売買価格はいくらか？

価格指定のときに入力します。

●注文の有効期間は？

当日中、今週中など。

情報を入力し終えると、注文した内容の**照会**《しょうかい》**画面**が出てきます。間違いがないか、確認しましょう。

注文するときは、どんなことを入力するのかな？

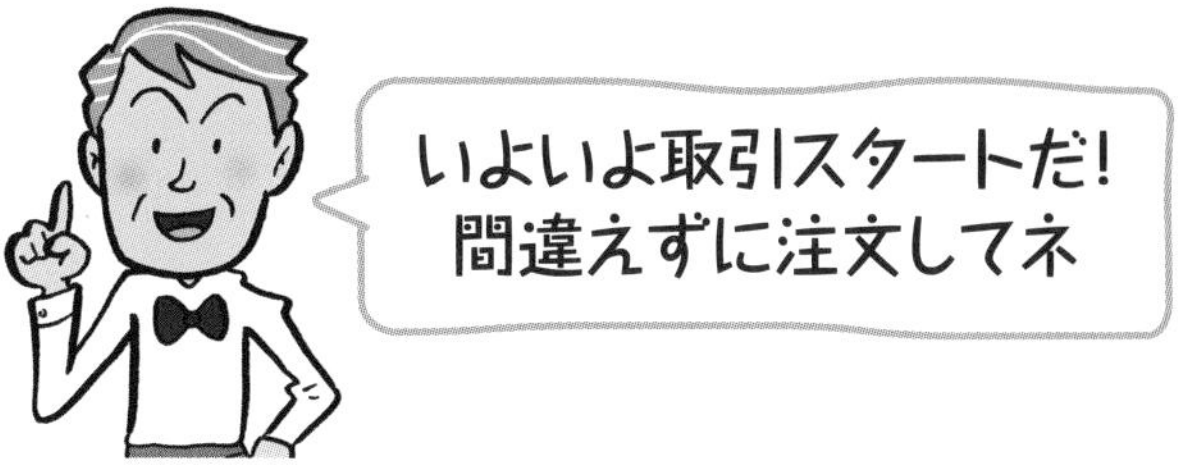
いよいよ取引スタートだ！
間違えずに注文してネ

銘柄名、銘柄コードは？
証券取引所はどこか？
売り注文か、買い注文か？
証券口座の種類は？
売買する株数は？
注文の出し方は？
売買価格はいくらか？
注文の有効期間は？
入力ミスに注意！

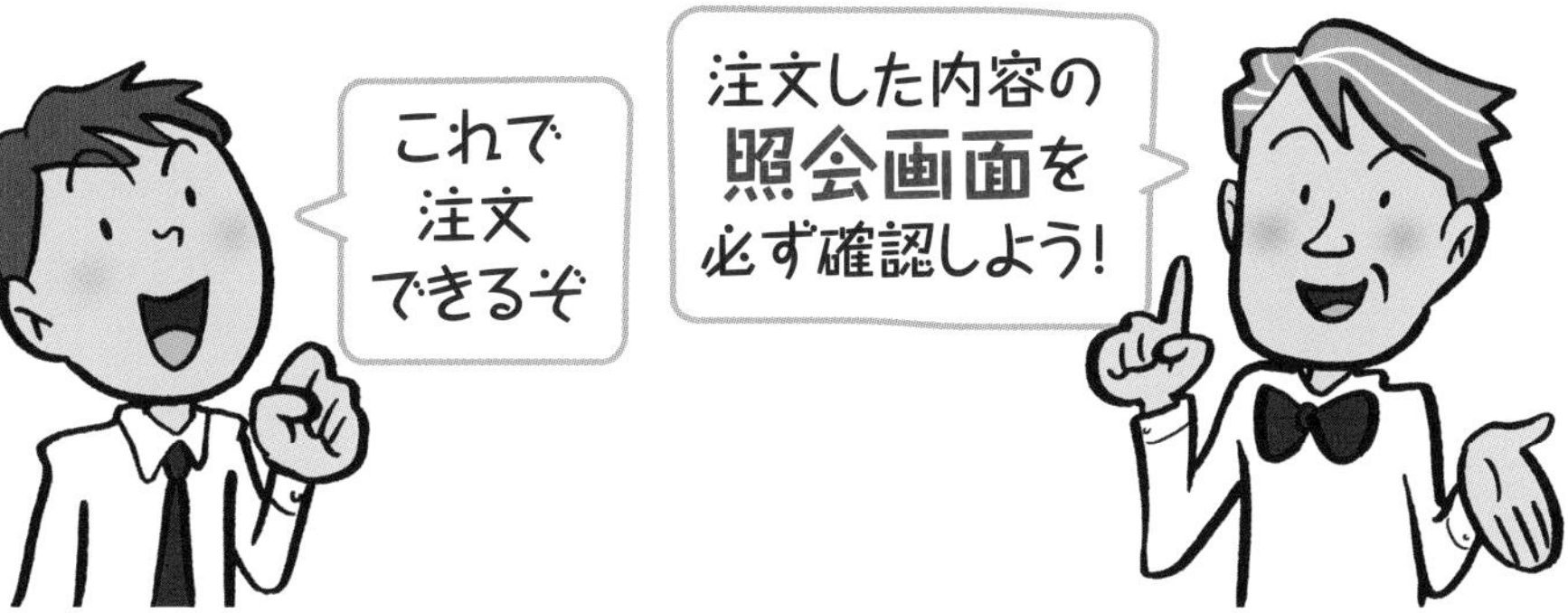
これで注文できるぞ
注文した内容の照会画面を必ず確認しよう！

04

いくらか指定するなら指値注文、しないなら成行注文を出す

取引画面に出ている
「ゆびね」って、なに？

指値は「さしね」と読むんだ
注文の出し方の1つだよ

どんな意味ですか？

カンタンにいうと、売買する
株の価格を指定する注文方法だ
価格指定をしないときは
成行という注文方法で出すんだよ

株を売り買いする注文の出し方にはいろいろありますが、基本となるのは、**指値**《さしね》**注文**と**成行**《なりゆき》**注文**の2つです。

指値注文とは、**売買する株数と、価格を指定して注文する**方法です。注文した価格か、それよりも有利な価格でないと、注文は成立（**約**《やく》**定**《じょう》）しません。

したがって、希望する価格で買える（売れる）反面、**約定しない**こともありえます。

一方、**成行注文**は、**株数のみを指定**して、**株価は指定しない**注文方法です。注文が受け付けられたときの、**最も有利な価格**で約定します。

これなら、**ほぼ確実に売買できます**が、予想外の価格で約定してしまうこともあります。

したがって、**いくらでもいいから確実に売買したい**、というときに出すのが、成行注文です。

通常は、買いでも売りでも、自分の希望株価での約定をめざす、**指値注文**を出します。

ただし、注文を出した日に約定するとは限らないので、**注文の有効期間**を指定しておきます。

指値注文と成行注文は、どう違うのかな？

指値注文《さしね》		成行注文《なりゆき》
「この値段で売り買いしたい」と、ハッキリと**価格を指定して**注文する	特徴	「いくらでもいいから売り買いしたい」と、**価格を指定しない**で、注文の成立を優先する
希望通りの価格で売り買いできる	メリット	ほぼ確実に、**売り買いが成立する**
希望の価格にならないときは、**売り買いが成立しない**場合もある	デメリット	**思いがけない価格**で売り買いしてしまう可能性がある

1000円で買って！

いくらでもいいから買って！

特殊な注文方法、逆指値ってなに？

いまよりも安い価格になったら買う
いまよりも高い価格になったら売る
→ **指値注文**

いまよりも**高い**価格になったら買う
いまよりも**低い**価格になったら売る
→ **逆指値注文《ぎゃくさしね》**

逆指値は、損切り（損を確定すること）や、利益確定での売りなどで使われるよ

「ストップ高」ってなに？値動きにはルールがある

買いが殺到して、一夜にして株価3倍！……残念ながら、そんな夢のようなことは起こりません。株価は、いつも勝手気ままに動いている印象がありますが、そんなことはありません。**値動きにも一定のルールがある**のです。

まず、**呼値《よびね》**。株価の最小の変動幅は、その銘柄《めいがら》の株価水準に応じて決まっています。株価3000円以下の銘柄は1円刻みで値動きしますが、3000円超～5000円以下は5円、5000円超～3万円以下は10円刻みです。だから、1001円、1002円という株価はありえますが、3001円、3002円という株価は発生しません。

そのほか、大型企業の株価には、1000円以下が0・1円、1000円超～3000円以下が0・5円という、1円以下の値刻みが認められています。そのため、999・9円という値段も出現します。

次が、**制限値幅《せいげんねはば》**。株価は1日のうちで変動できる最大の値幅が決まっています。それが制限値幅。これも株価水準に応じた決まりがあり、基準値段（前日の終値など）が100円以上～200円未満なら50円、200円以上～500円未満なら80円、500円以上～700円未満なら100円……というルールです。どんなに買いがあってもこれ以上は上がらない、売りが殺到してもこれ以上は下がらない、という意味で**ストップ高《たか》**（**ストップ安《やす》**）ともいわれます。

Chapter3
儲かる
銘柄を探そう

01

投資先として有望な、業績がいい会社を探そう！

株を買う準備はできました 次は、どうしたらいいですか？

株価が上がりそうな会社、**投資すれば儲かりそうな会社**を探していこう

でも、株を買える会社って、たくさんあるんでしょ？

証券取引所に上場している会社は**約3,800社**。この中から儲かりそうな会社を探すのは大変なことだよ

有望な投資先を見つけるために、まず注目したいのは、**会社の業績**です。「いま業績がよくて、先行きもいい会社」、あるいは「いま業績はよくないが、先行きよくなりそうな会社」は、株価が**値上がりしやすい**ものです。ただ、株の初心者が会社の業績を自分で予想するのはむずかしいでしょう。

方法としては、『**会社四季報**《しきほう》』にのっている予想数字をチェックしたり、各証券会社がネット上などで提供している情報（上場会社自身の予想やアナリスト予想など）を利用します。

その際は、**利益**に注意しましょう。業績がいい会社は、**利益が増えている**ものです。過去数年間の数字を見て比較しましょう。毎年、前の期と比べて利益が増えていれば、**儲ける力がある会社**と考えていいでしょう。

とくに大事なのは、**先行き**。今《こん》期《き》と来期《らいき》に利益が増えるかどうかをチェックします。**配当金をたくさん支払っている**会社なら、株主への利益配分にも前向きと考えられるので、なおいいです。

また、**利益の水準**にも注意しましょう。過去最高の利益水準だっ

こんな業績の会社は、株価が上がるよ

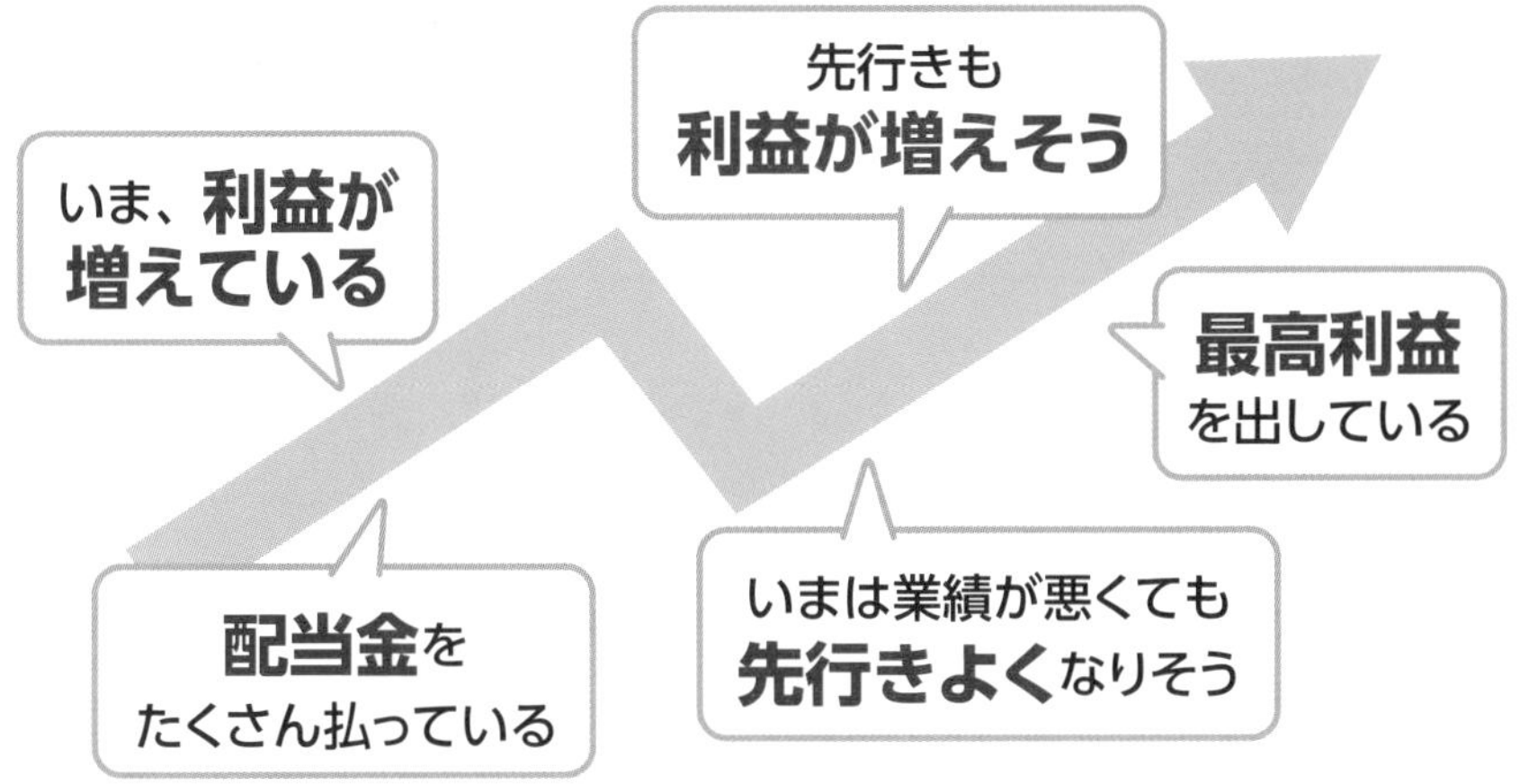
いま、利益が増えている
配当金をたくさん払っている
先行きも利益が増えそう
いまは業績が悪くても先行きよくなりそう
最高利益を出している

将来の業績にプラスになることも、株価を上げる！

スッゲー超高速走行ロボットだー
新製品・新技術開発
先行きが楽しみね
新工場の建設
M&A（合併・買収）
A社
B社
事業規模やシェアが拡大！

たら、儲ける力が最大限に発揮されているわけですから、その会社の業績は絶好調といえます。

株価は、いつも明日を見ながら動く

逆に「今期、来期は利益が減りそう」なら、この先、株価は上がりにくいと考えたほうがいいです。

大事なのは、**先行きの利益**です。株価は、先行きの利益を予想しながら日々動いています。

新技術の開発や、海外企業の買収など、業績以外の話題で株価が変動することもありますが、これらはすぐに業績に影響しなくても、先行きの業績に影響するため、株価の変動につながるのです。

02

株価は業績のほかに、市場環境にも左右される！

先生のいう通り、業績のいい会社をいくつか探し出しました！
ただ、どんなに業績がよくても、それだけでは株価が上昇しないこともあるんだ
どうしてなの？
市場環境が味方しないからだよ
市場環境？　なんだかむずかしそうねえ…

株価というのは生きものです。その動きは、**株式市場を取り巻く環境**に左右されます。

株価に影響を与える要因としては、例えばコロナウイルスのような世界的な感染症や、**国内景気**の動向、**金利**、**金融**の情勢、**為替《かわせ》相《そう》場《ば》**（ドル／円相場、ユーロ／円相場）などがあります（為替相場とは2国間の通貨を取引するときの値段）。そのため、これらはつねにチェックが必要です。

アベノミクス以降、為替相場は**円安《えんやす》・ドル高《だか》**が急激に進みました。円安になると、**輸出産業が好調**になります。

例えば、1台200万円のクルマを米国で売る場合、1ドル＝100円だと販売価格は2万ドル。これが円安になって1ドル＝110円になると、販売価格は約1万8000ドルに下がります。そのため米国の消費者にとって買いやすい値段となり、輸出車が売れるようになるのです。

逆に、**円高《えんだか》・ドル安《やす》**になると、自動車メーカーなどの輸出関連の銘柄《めいがら》は**業績が不調**になり、株価も値上がりしにくくなります。

また、日本経済は輸出に頼る側

市場環境に影響を与える、いろいろな要因

国内経済

国内景気、金融や経済政策、規制改革　など

為替《かわせ》

ドル／円相場、ユーロ／円相場　など

海外景気

とくに米国、欧州、中国、新興国　など

国際商品の市況

原油、鉄鋼、非鉄金属、金、レアメタル　など

国内政治

脱・炭素、デジタル化、成長戦略　など

株価の先行きを予測するための経済指標に注目！

GDP《ジーディーピー》（国内総生産《こくないそうせいさん》）	国全体の経済活動の規模や、成長率を示す指標
鉱工業生産指数《こうこうぎょうせいさんしすう》	製造業、鉱業に属する企業の、生産活動を示す指標
機械受注統計《きかいじゅちゅうとうけい》	主要機械メーカーを対象に、設備関連機械類の受注状況を調べた指標
消費者物価指数《しょうひしゃぶっかしすう》	消費者が購入する、モノやサービスの価格の動きを示す指標

面が強いので、**海外の景気**も株式市場に影響します。

とくに輸出先として比率の高い**米国、欧州、中国の景気動向**には注意が必要です。

例えば「米国のクリスマス商戦が好調」というニュースを耳にしたら、米国向けにゲーム機やオモチャなどの消費財《しょうひざい》を輸出している企業に注目しましょう。

ほかにも、**GDP《ジーディーピー》**（国内総生産）や**鉱工業生産指数《こうこうぎょうせいさんしすう》、機械受注統計《きかいじゅちゅうとうけい》、消費者物価指数《しょうひしゃぶっかしすう》**などの経済統計は、経済や産業の状態を示す重要な指標《しひょう》なので、株価の動きにも大きく影響します。

市場環境をしっかり把握して、自分なりの現状認識をもつように心がけましょう。

03

新聞、テレビ、SNSの情報で、株価が大きく動くこともある！

株価を動かす要因としてもう1つ注目したいのが、メディアが発信する情報だ
メディアって、新聞や雑誌、テレビ、ラジオなんかのこと？
ボクは、あまり新聞は読まないんですよ
株を始めるからには、そうはいっていられないよ
メディアの情報には、つねにアンテナを高くはっておこう

株価に影響を与える要因で、見逃せないのが、各種メディアからの**情報**です。ときには、ツイッターから流れた情報がもとで株価が急に上がることもあります。

ただ、発信者が特定できない情報には注意が必要です。**ニセ情報の可能性**もあります。株関連の掲示板や、書き込み型のサイトからの情報も同様。根拠がとぼしく、タメにする（株価をあおる）情報ではないかと疑ってみる必要があるでしょう。

また、ニュースではありませんが、東京証券取引所の「**適時《てきじ》開示《かいじ》情報閲覧《えつらん》サービス**（TDnet《ティーディーネット》）」は、とても有益な情報です。

上場企業は、**投資判断に重要な影響を与える事象**が発生した場合、その情報をこの**TDnetに登録、開示しなければならない**決まりになっています。取引時間中でも開示されるため、日頃からチェックしましょう。

ニュースで株価が大きく動いたのが、文教堂ホールディングス。同社は東急沿線を中心に書店チェーンを展開。ノーベル賞のシーズンになると、村上春樹さんの文学賞受賞期待で株価が上昇します。

メディアの情報は素早くキャッチしよう！

新聞報道で株価が急騰・急落!
〈文教堂グループホールディングスのケース〉

2018年8月30日の朝刊各紙が「スウェーデンの文化人が新文学賞を創設。最終候補に村上春樹さんが入った」と**新聞報道**（2018年のノーベル文学賞は選考見送り。その代わりに新文学賞が創設された）。その日、書店チェーン大手 ・ 文教堂グループホールディングスの株価は値幅制限いっぱいまで**急騰**。しかし、9月17日に「村上春樹さんは新文学賞の候補を辞退」と報道されると、翌18日には一転、**急落**となった!

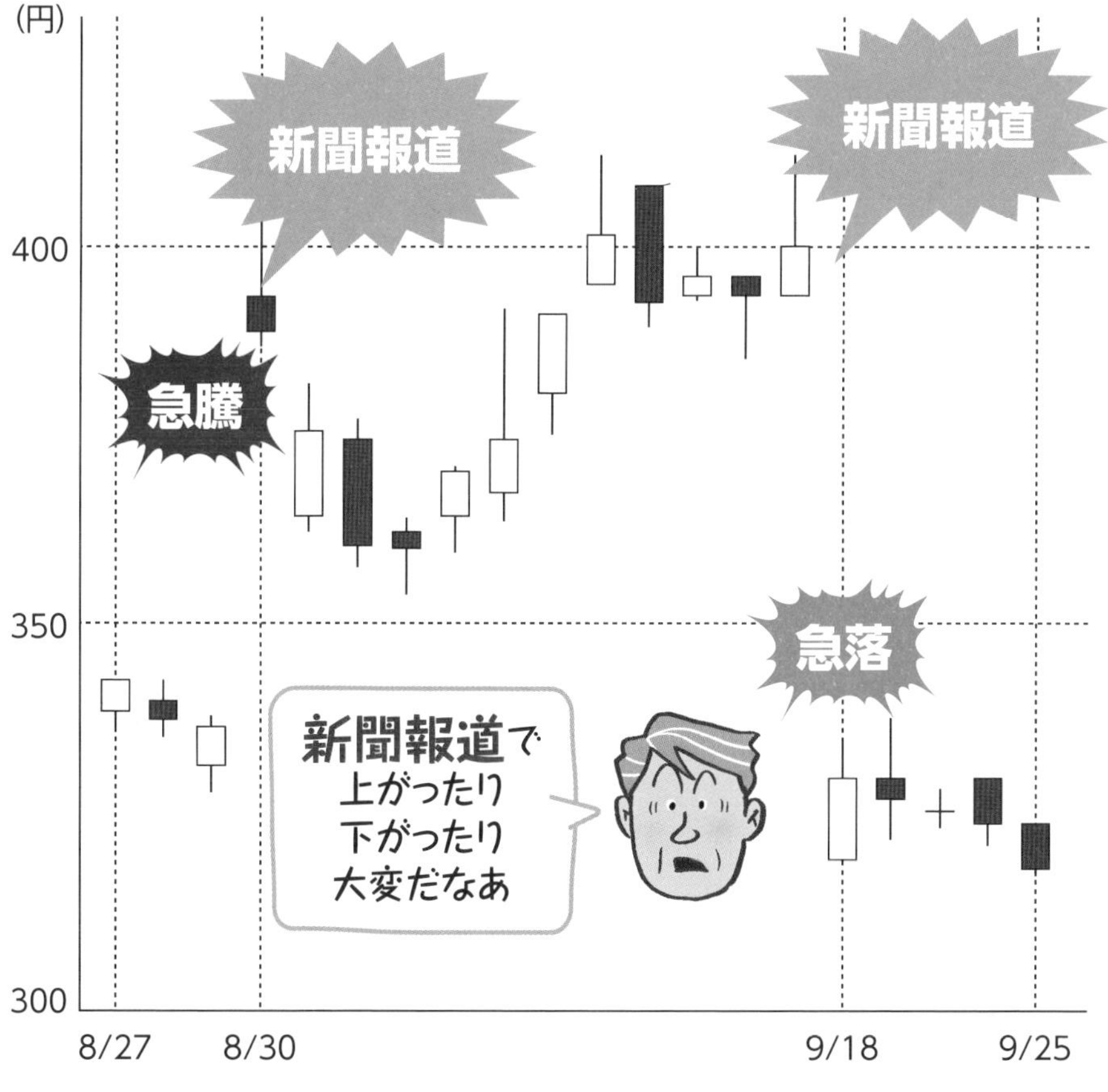

04

株価指数をチェックして、市場全体の傾向をつかもう！

いま、株を始めるのをすすめるのは、**株式市場全体が上昇傾向**にあるからなんだ

市場全体が伸びていれば、業績に多少の問題があっても、ほかの銘柄と一緒に株価が上がりやすいわけですね

でも、市場が好調か不調かは、なにでわかるのかしら？

市場全体の動きを示す、代表的な**3つの株価指数**を見ればいいよ

株式市場全体や、業種などのテーマでくくった銘柄《めいがら》グループの株価の動きを、平均化した数値のことを、**株価指数《かぶかしすう》**といいます。

最もよく知られているのが、**日《にっ》経平均株価《けいへいきんかぶか》**と**TOPIX《トピックス》**（東証株価指数）です。

日経平均株価は、日本を代表する企業225社を対象に、その株価を平均化した指数です。円や銭《せん》で表示されるので親しみやすいのですが、ファーストリテイリングやファナックなど、**株価が飛び抜けて高い銘柄の動きに影響を受けやすい**という特徴があります。

TOPIXは、東証第1部の全上場銘柄の時価総額（発行済み株式数×株価で計算）を指数化しています。

トヨタやソニー、NTTなど、**時価総額の規模が大きい大型銘柄の値動きを反映しやすい**のが特徴です。

一方、新興市場で代表的な株価指数が、**東証マザーズ指数**と**日経ジャスダック平均**でしょう。

前者は時価総額方式で、後者は平均株価という違いがあります。どちらも新興株の動きをウォッチするには不可欠です。

3つの株価指数を見よう！

株式市場全体が…

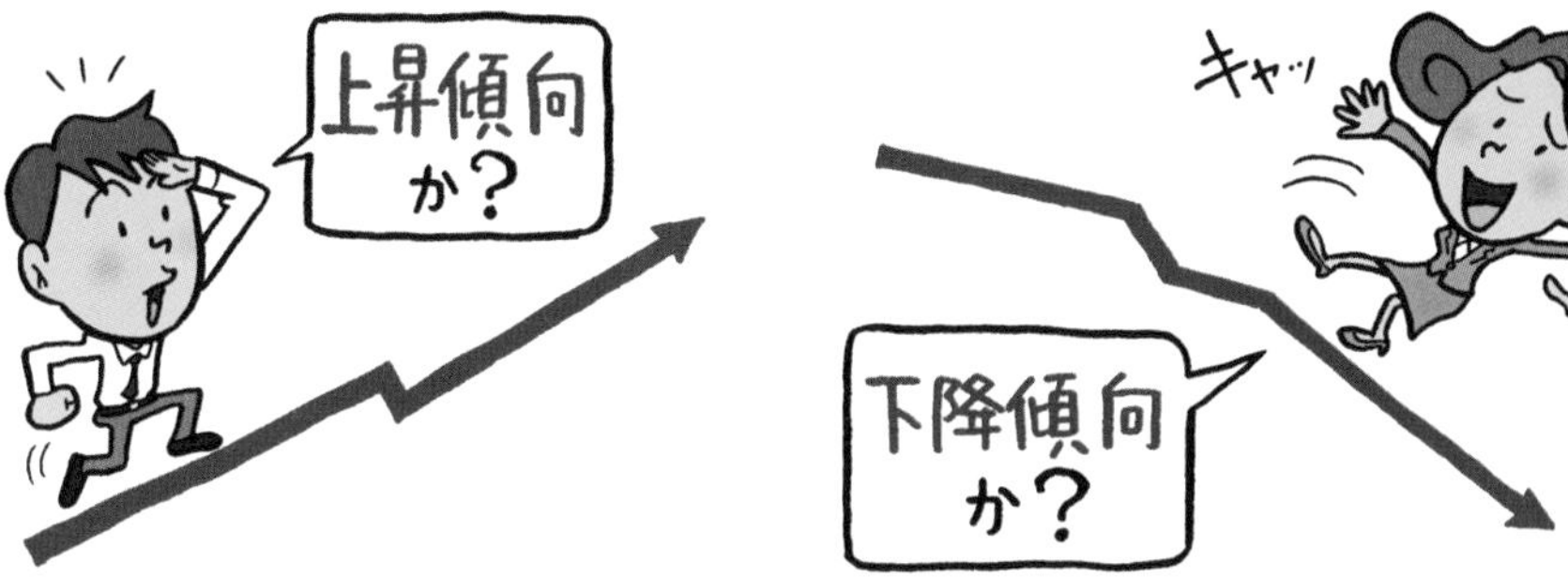

株価指数《かぶかしすう》をチェックしよう!

日経平均株価《にっけいへいきんかぶか》

主要225銘柄の平均株価。1年に1回、銘柄入れ替えが行われる。飛び抜けて株価が高い銘柄の値動きが全体に影響を与えやすい

TOPIX《トピックス》(東証株価指数《とうしょうかぶかしすう》)

東証第1部上場の全銘柄が対象。〈発行済み株式数×株価〉で計算した時価総額の合計を指数化。大型銘柄の値動きを反映しやすい

東証《とうしょう》マザーズ指数《しすう》

東証マザーズ市場に上場する全銘柄の合計時価総額をもとに指数化。マザーズ銘柄の動きをチェックする際に重要視される。時価総額の大きい銘柄の動きに左右されやすい

さっき、業績のいい会社を見つけたといったけど、その会社の決算書は見たのかな？
いいえ。ネットで株関連の掲示板を見ていたら、業績好調と書いてあったんです
はーっ。だまされやすいタイプだわ、この人は！
株式投資は自己責任で行うものだ
人の意見を参考にしつつ、
情報は自分で確かめよう

05

決算書を読み解いて、会社の業績をチェックしよう！

リスクはいろいろあるけれど、儲けも大きいのが、株式投資。面倒くさいけれど、とても大事なのが、**決算書**《けっさんしょ》です。

決算書の主なものは、**損益計算**《そんえきけいさん》**書**《しょ》、**貸借対照表**《たいしゃくたいしょうひょう》、**キャッシュフロー計算書**《けいさんしょ》の3つです。

決算書に記載されている数字は、ビギナーには大変わかりにくいものですが、そのエッセンスだけなら『会社四季報《しきほう》』や証券会社の情報サービスを見ればわかります。

では、これらの決算書を読み解くと、なにがわかるのでしょうか。

大ざっぱにいうと、**損益計算書**は、利益の面から**1年間の会社の業績**がわかるもの。会社の収益《しゅうえき》状況は、株価に大きく影響するので、投資家はこの損益計算書に最も注目します。

貸借対照表は、事業資金をどうやって集めているか、またその資金をどんな形で保有しているかがわかるもの。つまり、会社がもっている**資産の状態**をチェックする書類です。

キャッシュフロー計算書は、現金や預金などのお金の流れ（出入り）で、会社の**資金繰**《しきんぐ》**りの状況**がわかるものです。

3つの決算書類から、なにがわかるの？

損益計算書《そんえきけいさんしょ》

利益の面から、
1 年間の会社の業績がわかる

- 営業利益 ― 会社の本業でいくら稼いだかがわかる
- 経常利益 ― 本業以外の事業を含めていくら稼いだかがわかる
- 当期純利益 ― 最終的に会社に残った利益で一部は配当金として株主に還元

貸借対照表《たいしゃくたいしょうひょう》

事業資金をどうやって集め、
どんな形で保有しているかがわかる

- 資産 ― 資金を、どんな形で、いくら保有しているかがわかる
- 負債 ― 他人資本
- 純資産 ― 自己資本（または株主資本）

他人資本・自己資本：資金をどうやって、いくら集めたかがわかる

キャッシュフロー計算書

現金や預金などのお金の流れで、
資金繰りがわかる

- 営業キャッシュフロー ― 本業での販売、仕入れなどのお金の流れがわかる
- 投資キャッシュフロー ― 固定資産の購入、売却などのお金の流れがわかる
- 財務キャッシュフロー ― 借入、株式発行などによる資金の調達、返済などのお金の流れがわかる

06

大事な指標は「1株あたり」！ まずはEPSで利益を見よう！

株で儲けるには、株価が安いときに買って、高くなったら売るのがコツだということは、わかるね？

はい。だからこそ、**いまの株価が割安か、割高か**を判断するのに会社の業績を見るんですよね

割安、割高を見るときに、大事な考え方がある
それは「**1株あたりだと、どうか**」なんだ

いまの**株価が割安《わりやす》か、割高《わりだか》か**を判断するのに重要なのが、「**1株《ひとかぶ》あたりだと、どうなっているか**」という考え方です。

そして、この考え方に基づいた、**株価指標《かぶかしひょう》**と呼ばれるものが、いろいろとあります。

その前にとり上げたいのが、**EPS《イーピーエス》**という指標です。

これは、その会社が「**1株あたりで、どれくらいの利益を稼いだか**」をあらわす指標です。

EPSは次の算式で求めます。

〈当期純利益《とうきじゅんりえき》÷発行済み株式数〉

つまり、損益計算書に出てくる**当期純利益**を、その会社の**発行済み株式数**で割って求めます。

当期純利益は、法人税《ほうじんぜい》などを支払って残った利益なので、考え方としては、会社の出資者である株主が自由に使っていいお金ということになります。それだけ大事な指標です。

EPSに自分の持ち株数をかければ、自分が投資したお金でその会社がいくら儲けたかがわかります。

このEPSの一部が、配当金となって株主に分配されるのです。

EPSってなに？

- ✓ Earnings Per Shareの略称
- ✓ **1株あたりの利益（儲け）**を示す指標
- ✓ 単位は「**円**」
- ✓ 会社の**収益性**を見る際の代表的な指標
- ✓ 計算式は
  当期純利益÷発行済み株式数

ソニーのEPSを計算してみよう

〈2020 年 3 月期連結決算〉

当期純利益（連結ベース）→　5,821.91億円
発行済み株式数　→　12億3,440万株（期中平均）

当期純利益　**発行済み株式数**

5,821.91（億円）÷12.3440（億株）＝471.64 円

1株あたり、約471円の利益を稼いだ!

「1 株あたりでどうか」を見る株式指標は
ほかにもいろいろあるんだ
次ページから代表的なものを見ていこう

07

EPSから見て、株価が割安か、割高かを見る指標がPER

EPSの数値が高いほど、会社が儲かっている証拠なのね
だったら、EPSが高い会社の株を買えばいいんですね！
でも、儲かっている会社なら、いまから買っても、もう株価が高くなってるんじゃない？
するどいね。儲かっている会社の株価が、割安か、割高かを知るには、ほかの指標を使うんだよ

EPS《イーピーエス》（1株あたりの利益）を使って、**株価が割高《わりだか》か、割安《わりやす》かを見る指標**が、**PER《ピーイーアール》**です。

これは**現在の株価がEPSの何倍に相当するか**を見るもので、**株《かぶ》価収益率《かしゅうえきりつ》**と呼ばれます。

PERは、〈**株価÷EPS**〉の算式で求めます。

今度はトヨタ自動車の例で見てみましょう。トヨタの2020年3月期のEPSは735・6円、同年3月末の株価は6501円でした。株価をEPSで割ると、PERは8・8倍です。

つまりこのとき、トヨタの株価はEPSの約9倍まで買われていたことになります。

左ページの図に示した通り、**ライバル会社同士のPERを比べてみる**と、どの会社の株が割安か、割高かが見えてきます。

また、〈**EPS×PER＝株価**〉という算式も成り立ちます。

そこで、「ライバル会社のPER並み」とか、「業界平均のPER並み」というように、比較対象を設定して、**株価の妥当値を求める**こともできます。

PERは、いろいろと便利なモノサシといえます。

株価指標のPERってなに？

- ✓ Price Earnings Ratioの略称
- ✓ **株価収益率**という
- ✓ 単位は「**倍**」
- ✓ **EPSを使って、株価が割安か、割高かを見る**株価指標
- ✓ 計算式は **株価 ÷ EPS**

PERでライバル会社の株価を比較してみよう

	株価	EPS	PER	
トヨタ自動車	6,501 円	735.6 円	**8.8 倍**	➡ **割安**
スズキ	2,584.5 円	286.4 円	**9.0 倍**	➡ **中立**
本田技研工業（ホンダ）	2,430 円	260.1 円	**9.3 倍**	➡ **割高**

＊2020 年 3 月期末時点の比較。EPS、PER は小数点以下2位で四捨五入

PERで株価の妥当値を計算してみると…

株価＝EPS×PER に数値を代入する

もしもホンダが、トヨタ並みの PER だったら…

260.1 円（ホンダの EPS）×8.8 倍（トヨタの PER）

＝2,289 円（ホンダの株価の妥当値）

もしもトヨタが、ホンダ並みの PER だったら…

735.6 円（トヨタの EPS）×9.3 倍（ホンダの PER）

＝6,841 円（トヨタの株価の妥当値）

※妥当値の小数点以下は切り捨て。

08

会社の純資産から見て、株価が割安か、割高かを見る指標がＰＢＲ

イーピーエスに、ピーイーアール…
なんだかまぎらわしいわね
ＰＥＲは、会社の利益をモノサシにして、
株価が割安か、割高かを判断したけど、
別のモノサシもあるんだよ
また、英語の略称ですか？
ピー・ビー・アールという。こっちは
会社の財産をモノサシにした指標だよ

ＰＢＲ《ピービーアール》は、会社がもっている**純《じゅん》資産《しさん》**（自己資本《じこしほん》または株主資本《かぶぬししほん》という）から見て、株価が割安《わりやす》か、割高《わりだか》かを判断する株価指標です。**株価純資産倍率《かぶかじゅんしさんばいりつ》**と呼ばれます。

ＰＢＲを求めるには、まず貸借《たいしゃく》対照表《たいしょうひょう》にある純資産を、発行済み株式数で割り、**１株あたりの純資産額**を算出します。これを**ＢＰＳ《ビーピーエス》**といいます。

この**ＢＰＳで株価を割った**数値が、**ＰＢＲ**です。

ＰＢＲが１倍というのは、いまの株価と、１株あたりの純資産の額が同じであることを意味します。

会社の純資産は、**解散価値《かいさんかち》**ともいわれ、「もう事業をやめて解散しよう」となったときに、株主の取り分となる財産です。

そのため、もしもＰＢＲ１倍のときに会社が解散したら、株を買ったときのお金はそのままそっくり戻ってくることになります。つまりこの株は、**リスクの小さい、安全な株**といえるのです。

ＰＢＲ１倍を目安に、**１倍以上なら株価は割高《わりだか》、１倍未満なら割《わり》安《やす》**といえます。

ＰＢＲの数値が低いほど、資産価値から見て割安な株です。

株価指標のPBRってなに？

- ✓ Price Book-value Ratioの略称
- ✓ **株価純資産倍率**という
- ✓ 単位は「**倍**」
- ✓ **BPS（1株あたり純資産）を使って、株価が割安か、割高かを見る**株価指標
- ✓ 計算式は　**株価 ÷ BPS**
- ✓ **PBRが低いほど、株価は割安**

●全上場銘柄の PBR はどれくらいか

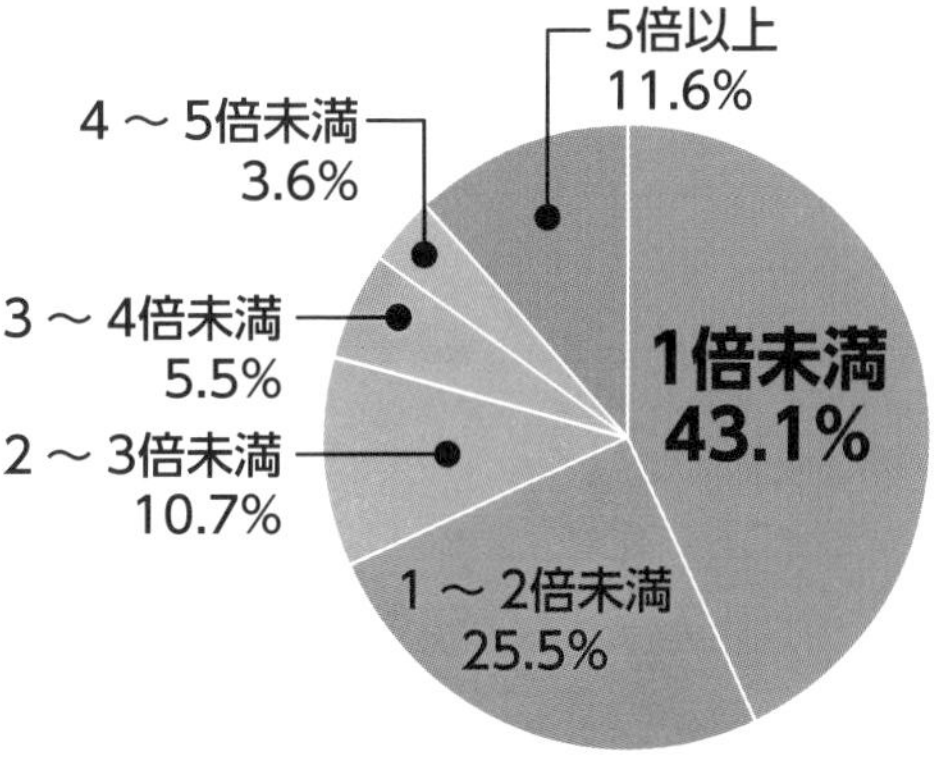

※2021年3月現在の全上場銘柄3,798社を対象に集計

PERとPBRを使い分けよう

09

株主のお金を上手に使って儲けているかを見る指標がROE

最近になって注目されだした指標もあるよ
ROEというんだ

……ロエ、ですか?

ざんねん!　アール・オー・イーと読む
会社が儲けるために、株主が出したお金を
いかに効率よく使ったかを示す指標なんだ
いま、株式市場では、ROEが高い銘柄は
人気を集めやすく、**株価が上がりやすい**
という経験則ができつつあるよ

ROE《アールオーイー》は、**会社の収益性**を見る指標の1つで、**自己資本利益率**《じこしほんりえきりつ》といいます。

ROEは次の算式で求めます。

〈**当期純利益**《とうきじゅんりえき》**÷自己資本×100**〉

このうち「自己資本」とは「株主資本」に似た言葉ですが微妙な違いがあります。株主が会社に出資したお金（資本金と資本剰余金《じょうよきん》）とこれまでの利益を積み上げたお金（利益剰余金《じょうよきん》）など株主の持ち分に相当するのが「株主資本《かぶぬししほん》」。それを保有する資産の時価評価で加減したものが「自己資本《じこしほん》」。その**「自己資本」を使ってどのくらいの利益を稼げたかを見る指標**がROEです。株価が割高か割安かを見る指標ではありません。

一般的に、日本の経営者はお金をたっぷり貯め込むのは得意だけれど、それをうまく使って利益を増やすのは苦手だといわれます。そのため日本企業のROEは、欧米企業に比べて低いのが現実です。

海外投資家はROEを重要視します。**株主のお金を上手に使って儲けている**（＝ROEが高い）会社が注目されているのです。自社のROE向上を経営目標に掲げる経営者も増えてきました。

ROEってなに？

- ✓ Return On Equity の略称
- ✓ **自己資本利益率**という
- ✓ 単位は「%」
- ✓ **株主が出資したお金で、どれだけ利益を上げたかの、収益性を見る**指標
- ✓ 計算式は
  当期純利益 ÷ 自己資本(純資産※) **×100**

※厳密には貸借対照表に示された純資産から、非支配株主持ち分や新株予約権などを除いた額

会社が自社株のROEを向上させるには…

方法1 **利益を増やす**

業績アップ
させることね

方法2 **自己資本を小さくする**

- **自社株買い** 株式市場に出回っている自社株を買い戻して、消却する
- **増 配** 株主への配当を増やす

自社株買《じしゃかぶが》いと増配《そうはい》は、
ともに代表的な株主優遇策だ
株主がハッピーになり、
経営者も効率的な経営が評価されるよ

10

配当金から見て、株価が割安かを見る指標が配当利回り

いま、手元に100万円あるとしよう
これを銀行の**定期預金**に1年間預けると
利子はいくらになるか、知ってるかな？

確か、金利はスゴく安いんですよね

0.01%以下よ
利子は100円にしかならないわ

ところが同じ100万円で、2万円の**配当金**を
くれる会社の**株**を買えば、
利回りは**2%**にもなるんだ

いま、その会社の株を買ったら、**もらえる配当金《はいとうきん》は、投資した金額に対して何%になるか**を見るのが、**配当《はいとう》利《り》回《まわ》り**という株価指標です。

配当利回りを求める計算式は、

〈1株あたり配当金÷株価×100〉

配当利回りが高いと、株価は**割《わり》安《やす》**、逆に**配当利回りが低い**と、株価は**割高《わりだか》**と判断されます。

ただ、配当金が同じでも、株価が上がると配当利回りは下がり、逆に株価が下がれば利回りは上がります。

そこで、株価が下がった（配当利回りが上がった）ところで買えば、割安な投資になります。

一方、会社が儲けた**利益のうち何%を配当金に回しているか**を見るのが、**配当性向《はいとうせいこう》**です。計算式は、

〈1株あたり配当金÷EPS（1株あたり利益）×100〉

配当性向が高いほど、株主に利益還元《かんげん》している会社と判断されます。東証第1部に上場している銘柄《めいがら》の平均配当性向は47%（2020年3月期決算基準）。

ただ、企業は設備投資なども必要なので配当性向が高ければ高いほどいいわけではありません。

配当利回り、配当性向で、買いどきの銘柄を見つけよう

投資した金額に対して、配当金が何%になるかを知る指標

配当利回り《はいとうりまわ》 $= \dfrac{\text{1株あたり配当金}}{\text{株価}} \times 100$

会社が儲けた利益のうち、何%を配当に回しているかを知る指標

配当性向《はいとうせいこう》 $= \dfrac{\text{1株あたり配当金}}{\text{EPS（1株あたり利益）}} \times 100$

〈株価と配当金、配当利回りの関係〉

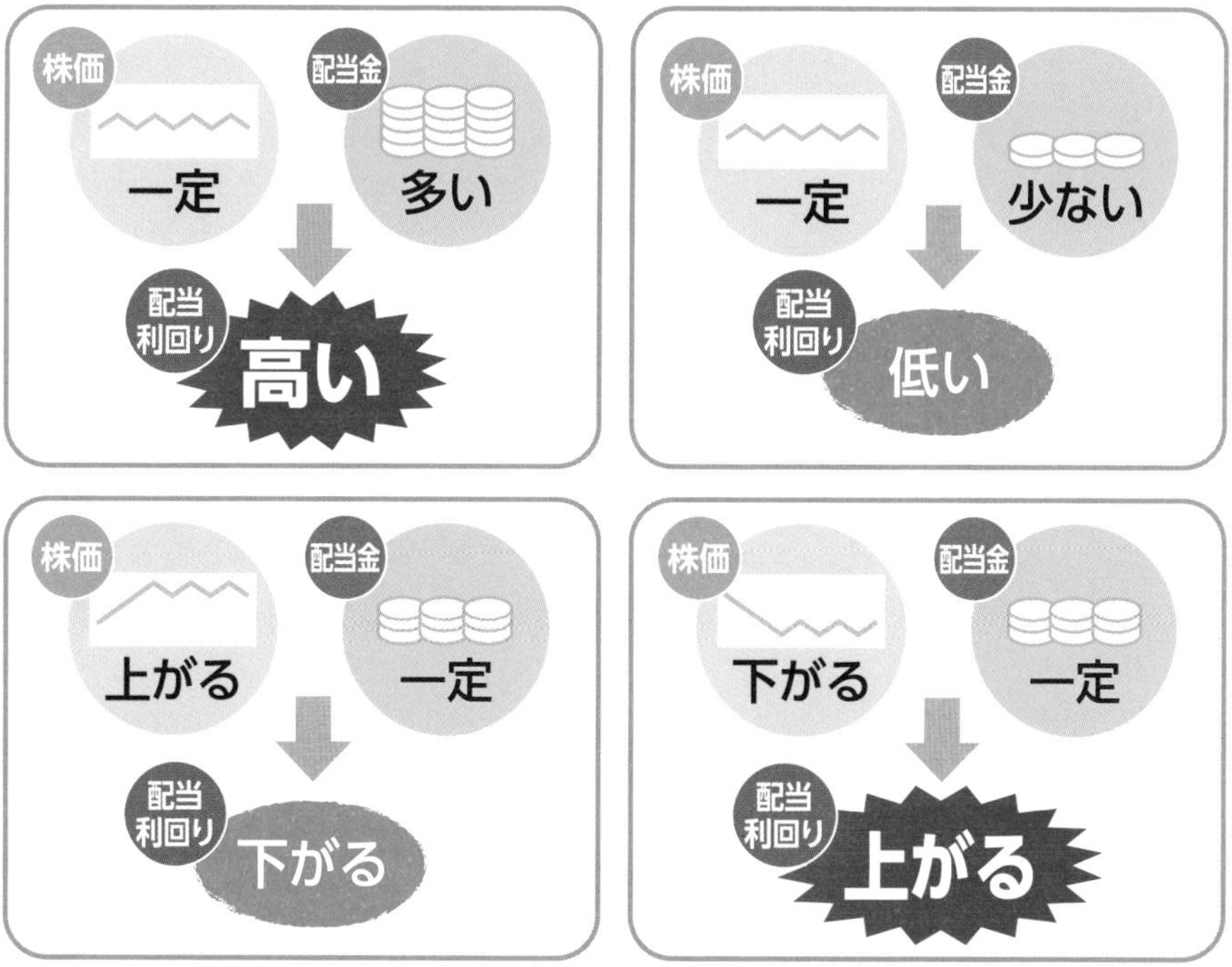

11

株価に影響を与える、相場テーマをキャッチしよう！

叔父さんの店のコーヒー代、いつの間にか値上げしたのね

ああ。**円安**で豆の仕入原価が上がっちゃったんだ

円安になって、**株価が変わる銘柄**ってあるんですか？

もちろんだよ。例えば、自動車メーカーなどの輸出企業は、業績が好転して株価も上がるね

株価に影響するニュースは、ほかにもあるんじゃない？

株価を動かす**材料**、**要因**には、いろいろなものがあります。これを**相場《そうば》テーマ**といいます。

相場テーマをうまくキャッチできれば、これから株価が上がる銘《めい》柄《がら》を見つけ出せます。

例えば、**原油が値下がりする**というニュースが流れたらどうでしょう。株式市場では「航空会社や輸送会社など燃料をたくさん使う会社にはプラスだ」という思惑が働き、それらの業種の株価は値上がりします。

また、**冷夏《れいか》になる**という情報が伝われば、市場では「夏物《なつもの》商戦が不振になりそうだ」との予想が広がり、小売業の株価はいっせいに値下がりします。

「風が吹けば、桶屋《おけや》が儲かる」ということわざがありますが、株式市場でも連想ゲームのような形で、次々と相場テーマが登場します。

つねに**世の中の動きに注目**して、もしもAという事象が起こったら、それによってどんな会社が恩恵を受けるか（または損するか）を、発想力を高めて考えてみましょう。

そうすれば、ほかの人が気づかないうちに、掘り出しものを発見できるかもしれません。

これから有望な相場テーマはなんだろう？

政策テーマ

脱コロナ、脱デフレ、働き方改革、少子化対策、女性の活躍推進、グリーン成長戦略、政府のデジタル化、地方経済の活性化、第4 次産業革命の推進　など

ビッグプロジェクト

2025年大阪万国博覧会、リニア中央新幹線、 5G（次世代通信網）の普及、国土強靱化への公共事業　など

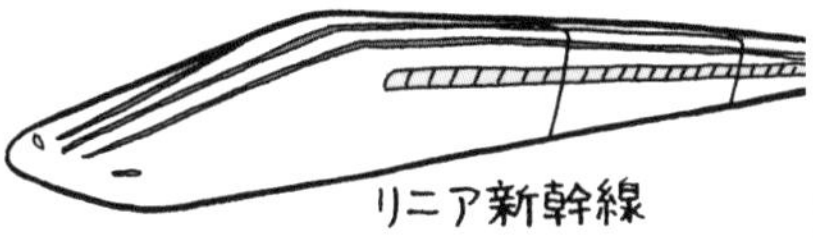

産業トレンドの変化

AI（人工知能）・IOT（モノのインターネット）の普及、C（つながる）A（自動運転）S（シェア）E（電動）自動車の波、再生医療、CO_2 削減、テレワーク　など

産業構造の変化

輸出産業の国内回帰、製造業の工場自動化（FA化）、事務作業の効率化（RPA化）、停滞産業の再編成、M&A（企業の合併・買収）活発化、フィンテックの普及　など

12

スクリーニング機能を使って買いたい銘柄を見つけよう!

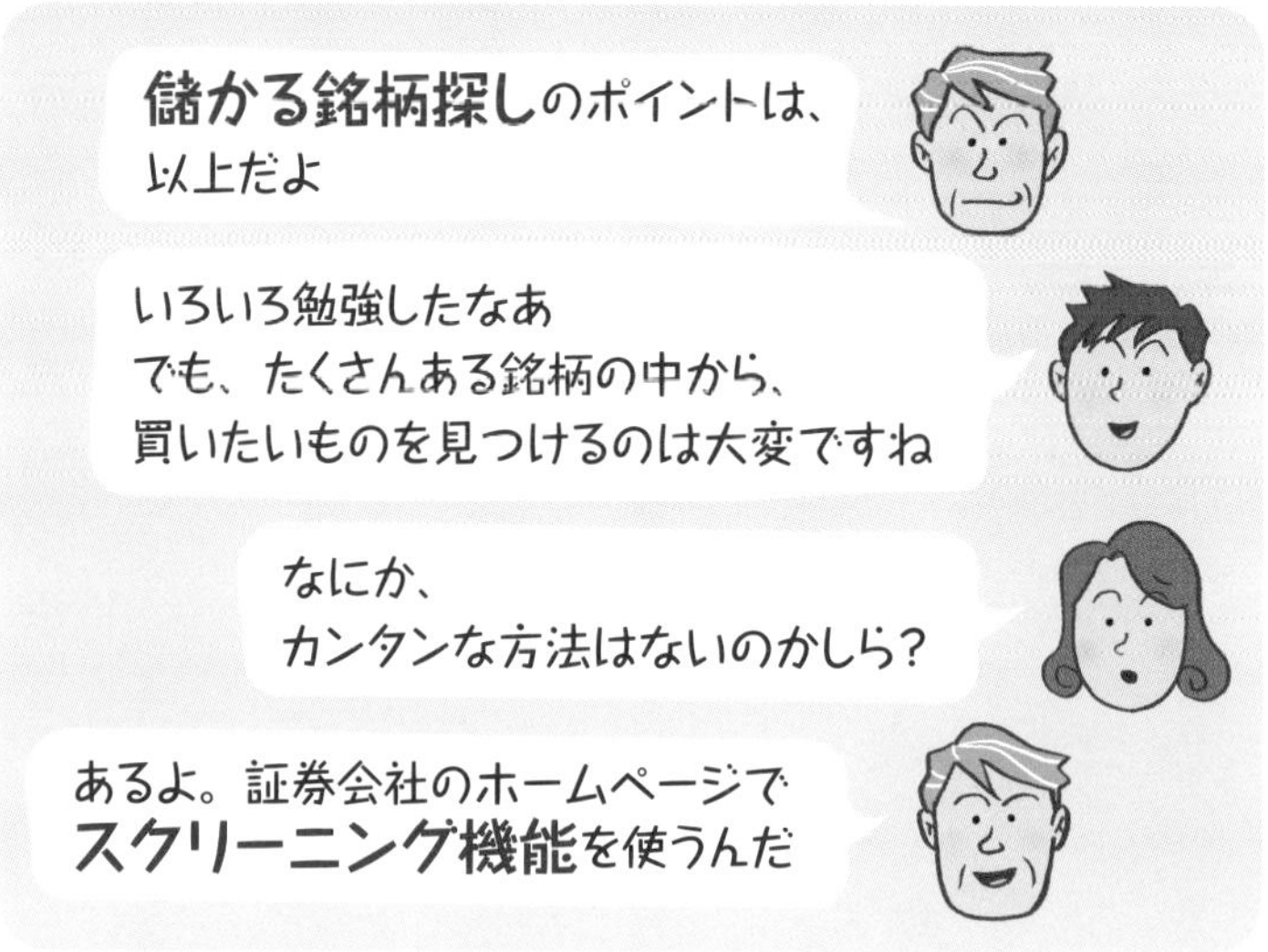

儲かる銘柄探しのポイントは、以上だよ
いろいろ勉強したなあ でも、たくさんある銘柄の中から、買いたいものを見つけるのは大変ですね
なにか、カンタンな方法はないのかしら?
あるよ。証券会社のホームページでスクリーニング機能を使うんだ

ここまで、PER《ピーイーアール》やPBR《ピービーアール》など、いろいろな**株価指標**を学んできましたが、もしも気になる銘柄《めいがら》を見つけて、その**指標の数値を知りたい**と思ったときは、**「会社四季報オンライン」**などの株式情報サイトや、各証券会社のホームページにアクセスすれば、カンタンに情報を入手できます。

また、これとは逆に、「PBR1倍未満」とか「株主優待あり」「配当利回り2%以上」などと**条件付けをして、買う銘柄の候補を探す**こともできます。

これを**スクリーニング（銘柄検索）機能**といい、「会社四季報オンライン」などの株式情報サイトや、各証券会社のホームページ上でサービス提供されています。ほとんどが、**無料**です。

検索条件にはこのほか、「決算期」や「最低購入額」「時価総額」「株価上昇率」などがあります。

1度に**複数の条件を設定して検索できる**ようになっているので、自分の希望にそった銘柄を、かなりしぼり込んでピックアップできます。

便利なスクリーニング機能を使いこなそう

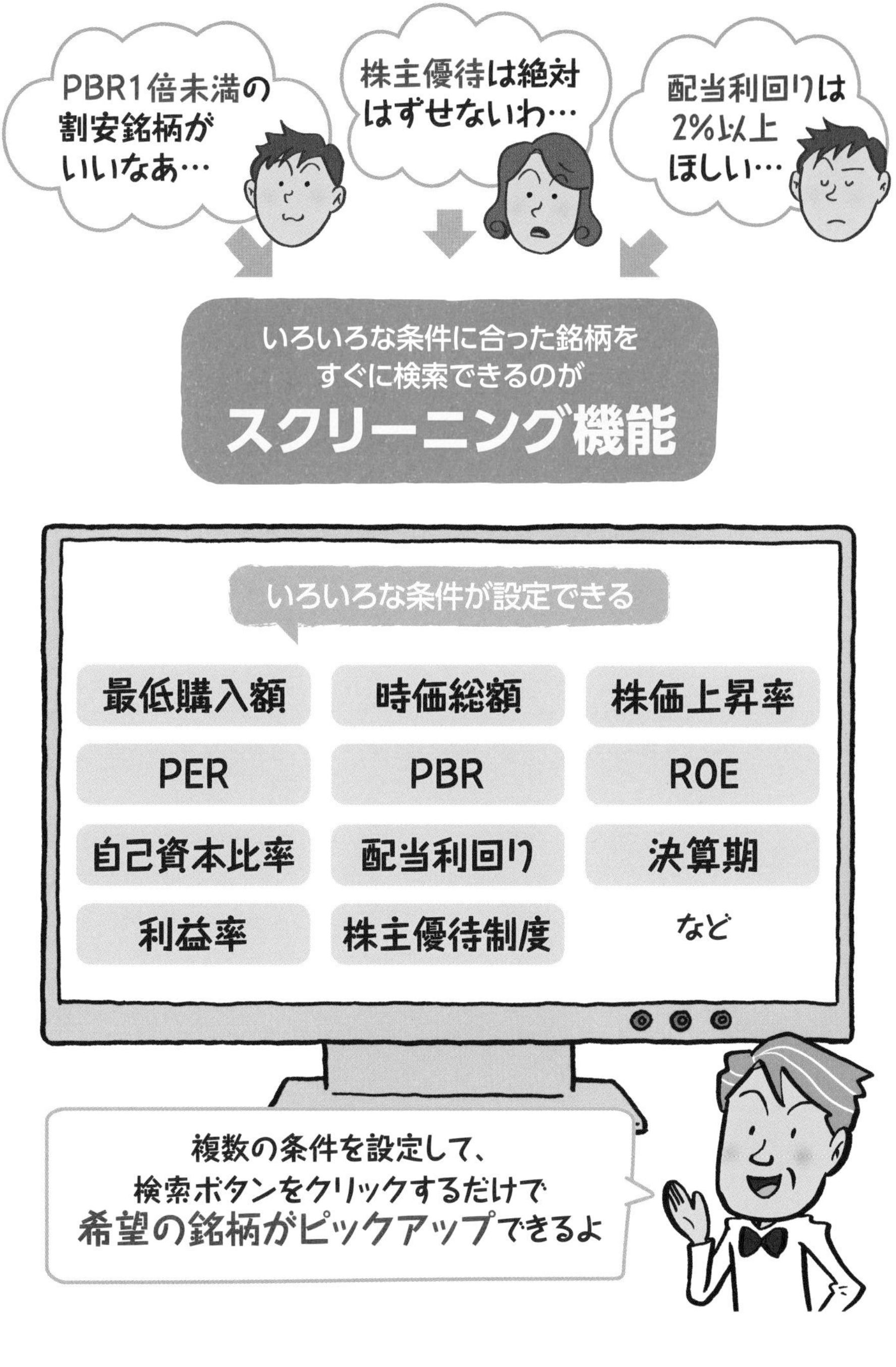
PBR1倍未満の割安銘柄がいいなあ…
株主優待は絶対はずせないわ…
配当利回りは2%以上ほしい…
いろいろな条件に合った銘柄をすぐに検索できるのが
スクリーニング機能
いろいろな条件が設定できる
最低購入額
時価総額
株価上昇率
PER
PBR
ROE
自己資本比率
配当利回り
決算期
利益率
株主優待制度
など
複数の条件を設定して、
検索ボタンをクリックするだけで
希望の銘柄がピックアップできるよ

ファンダメンタルズ分析とテクニカル分析を使い分ける

あなたは草食系？　それとも肉食系？　投資家も2つのタイプに分かれそう。それが、**ファンダメンタルズ派**と、**テクニカル派**。

有望銘柄《めいがら》を選ぶ際に、その企業の業績や財務内容に注目し、そこから導き出されるPER《ピーイーアール》やPBR《ピービーアール》などの株価指標を使って、現在の株価が割高《わりだか》か、割安《わりやす》かを見たり、妥当な株価水準を考えることを、**ファンダメンタルズ分析**といいます。

一方、その銘柄の株価の、これまでの動きに注目し、この先はどう動くか（上がるか、下がるか）を予測しようとするのが、**テクニカル分析**です。株価チャートを主に利用するため、**チャート分析**ということもあります。

むずかしそうなファンダメンタルズ分析と、視覚的だけどわかりにくそうなテクニカル分析……いったい、どっちがいいのでしょうか。

ここで大事なことは、銘柄選びの方法としてどちらを選ぶか、ではなく、2つの分析手法を、ともにマスターしておくこと。必要に応じて、それぞれをうまく使い分ければいいのです。

例えば、銘柄を探す際にはファンダメンタルズ分析を駆使し、選んだ銘柄を売買する際のタイミングを見るのにはテクニカル分析を使う、というやり方が一番ポピュラーです。

「草食だけ」「肉食だけ」では、立派な投資家にはなれません。

Chapter4

売りどき、買いどきはいつ？

01

気になる銘柄の株価チャートを見てみよう！

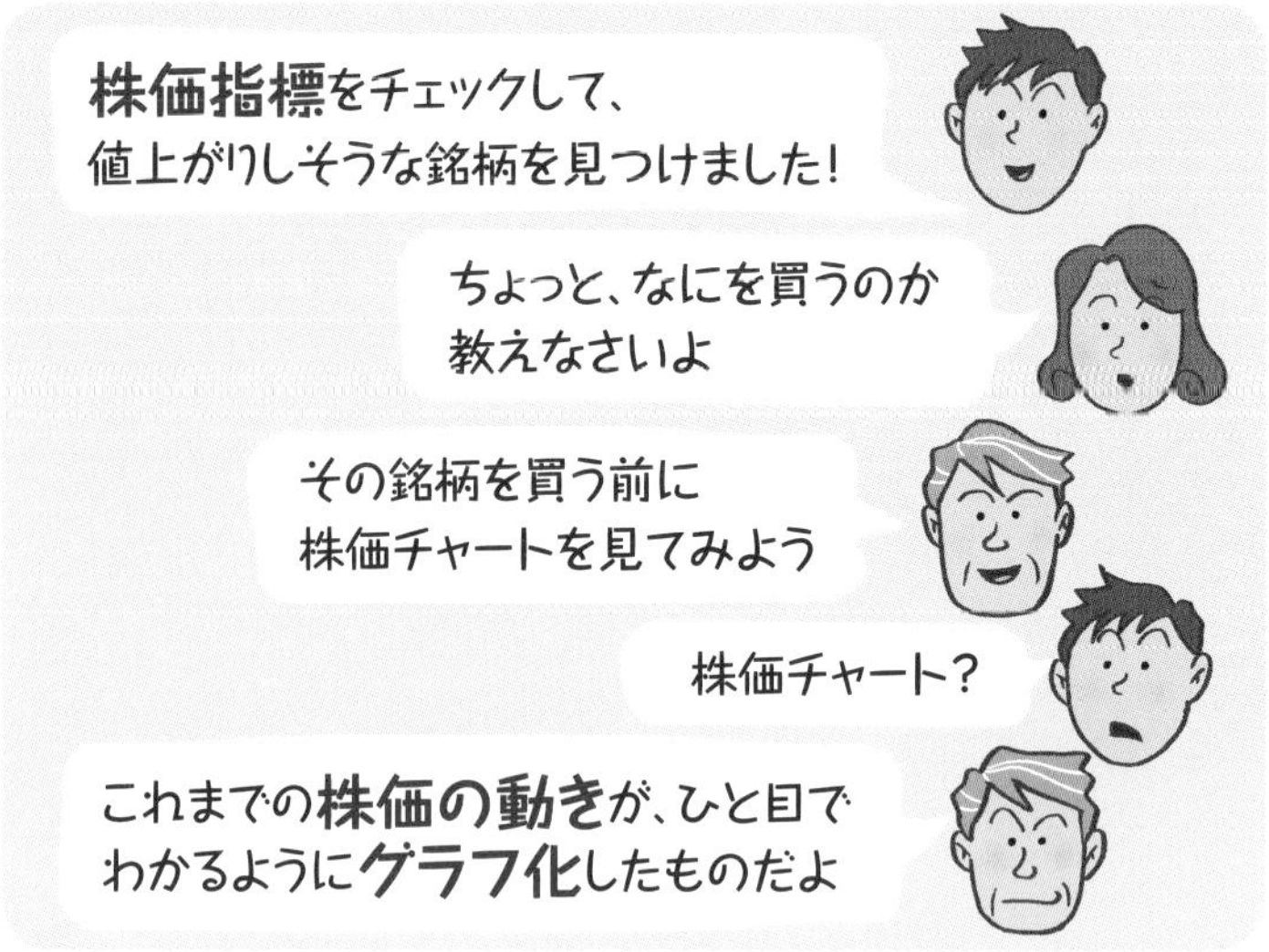
株価指標をチェックして、値上がりしそうな銘柄を見つけました！
ちょっと、なにを買うのか教えなさいよ
その銘柄を買う前に株価チャートを見てみよう
株価チャート？
これまでの株価の動きが、ひと目でわかるようにグラフ化したものだよ

ファンダメンタルズ分析を使って、「おもしろそう」「気になる」と思える株の銘柄《めいがら》が見つかったら、次に**株価チャート**を見て、**いまの株価がどんな位置にあるか**を確認しましょう。

株価チャートは、証券会社のホームページや「Ｙａｈｏｏ《ヤフー》！ファイナンス」などの株の情報サイトで見られます。

株価チャートは、**過去からいままでの株価の移り変わり**を記録したグラフです。

株価の全体的な流れや傾向、方向性のことを「**トレンド**」といいますが、株価チャートを調べれば**トレンドをつかむ**ことができ、また株価が移り変わる**リズム**もわかります。

つまり株価チャートを使えば、これから株価がどんな値動きをするかが、ある程度予測できるため、**売り買いのタイミングがはかれる**のです。

また株価チャートには、いくつか種類があります。簡単な**折れ線チャート**や棒線を並べた**バーチャート**などのほかに、日本で最もポピュラーなものが、**ローソク足《あし》チャート**です。

株価チャートを見ると、なにがわかるの？

株価チャートとは?　過去から、いまにいたる株価の移り変わりが、ひと目でわかるようにしたグラフ

いまの株価の位置がわかる
株価のトレンドがわかる
売り買いのタイミングがわかる

一番よく使われるのはローソク足チャート

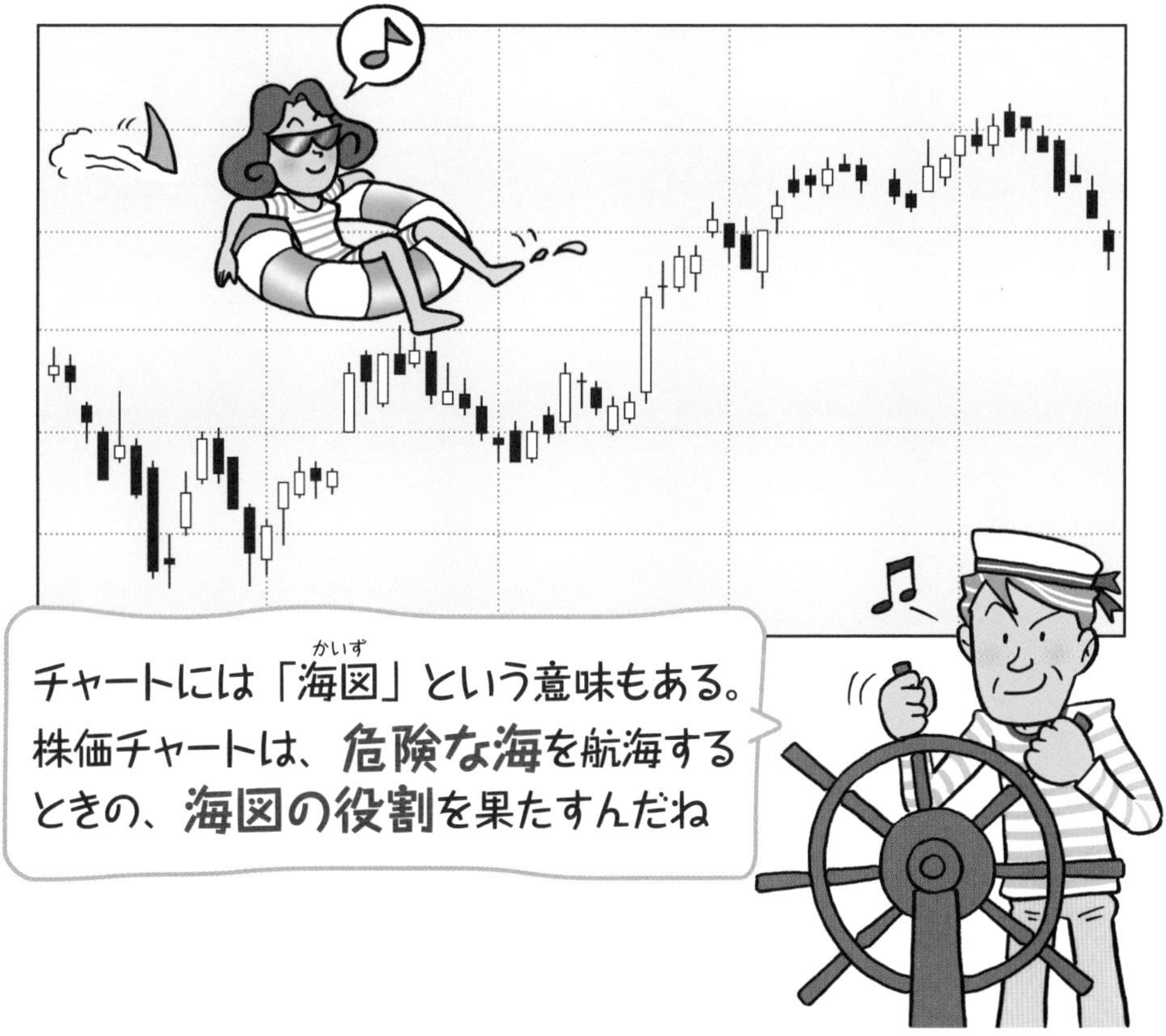
チャートには「海図《かいず》」という意味もある。株価チャートは、危険な海を航海するときの、海図の役割を果たすんだね

02

ローソク足には、株価の情報がつまっている！

形がローソクに似ているから、
ローソク足というのね

正式には、**陰陽足**というんだ
白いローソクを**陽線**、
黒いローソクを**陰線**というんだよ

なぜ、白と黒があるんですか？

それには、株価の**始値**と**終値**が
関係しているんだよ

1本の**ローソク足**は、1日、1週間など、**一定期間内の株価の動き**をあらわしています。

1日分の株価の動きをあらわすものを**日足**《ひあし》といい、1週間分のものは**週足**《しゅうあし》、1カ月分、1年分は、それぞれ**月足**《つきあし》、**年足**《ねんあし》といいます。

ローソクは、**始値**《はじめね》、**終値**《おわりね》、**高値**《たかね》、**安値**《やすね》の、**4つの株価（4本値《よんほんね》）**で描かれています。

まずは、終値と始値です。

終値が始値よりも高かったときは、ローソク足の**実体**《じったい》と呼ばれる部分の上が終値、下が始値となり、**ローソク足は白**であらわされます（**陽線**《ようせん》）。これは期間を通じて株価が上昇したことを意味します。

逆に、**終値よりも始値のほうが高かったら**、実体の上が始値、下が終値となり、ローソク足は**黒**であらわされます（**陰線**《いんせん》）。この期間は値下がりしました。

また、**終値と始値が同じだった**ときは、実体は**横線1本**であらわされます。

次に、高値と安値は、実体から飛び出した線です。これを、**ヒゲ**（**カゲ**）といいます。実体から飛び出した一番上のところが**高値**で、一番下が**安値**です。

ローソク足は株価の動きで形を変えるよ

始値《はじめね》
その期間の最初についた値段

終値《おわりね》
その期間の最後についた値段

高値《たかね》
その期間で一番高くついた値段

安値《やすね》
その期間で一番安くついた値段

終値が始値よりも高かったとき

白いローソク足になる

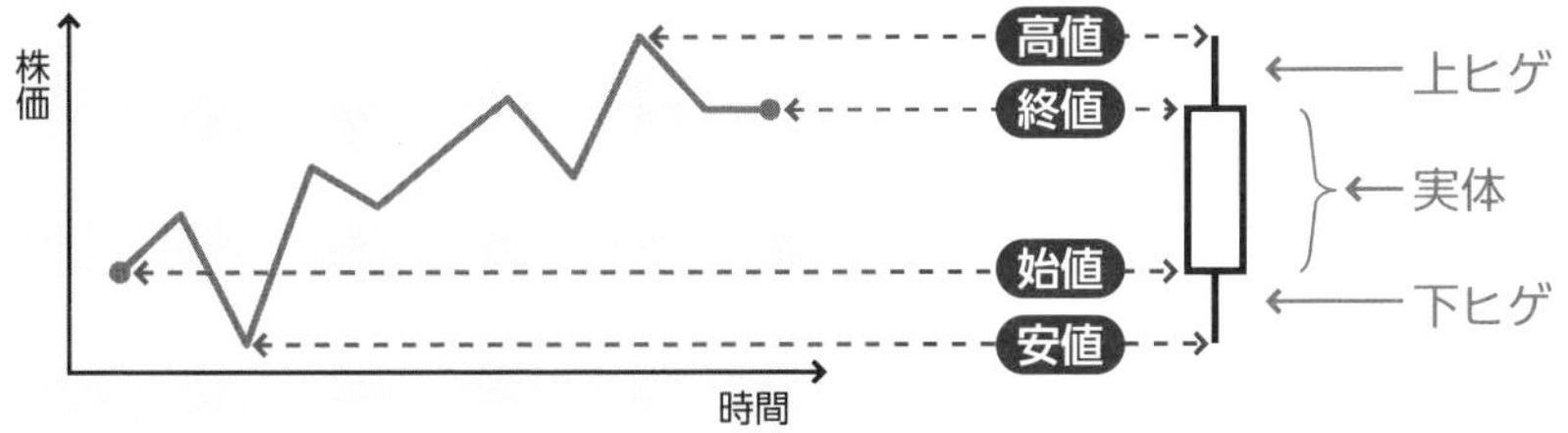

終値が始値よりも安かったとき

黒いローソク足になる

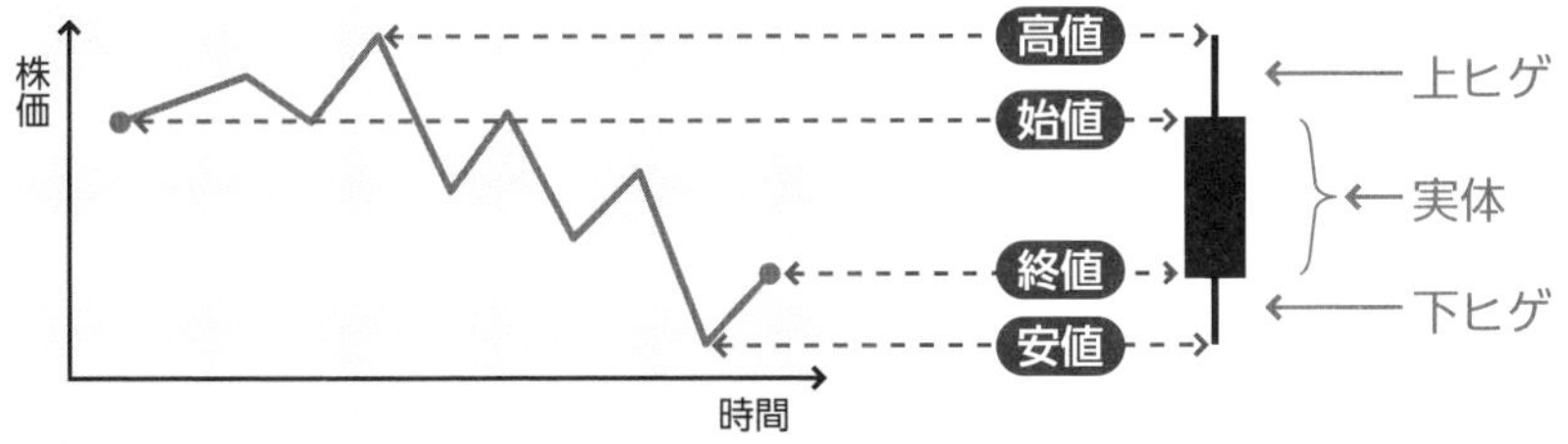

終値と始値が同じだったとき

十字足になる

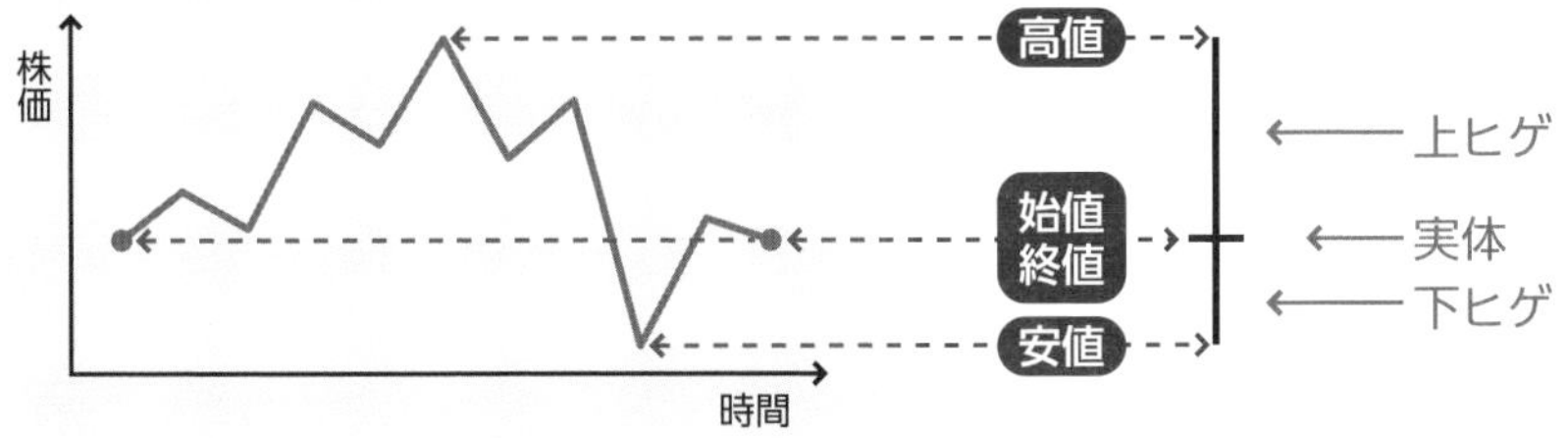

03

ローソク足を見れば、売買のタイミングがわかる！

ローソク足は、色のほかに、
形も1つずつ違うのね

ローソクの形じゃなくて、
十字になっているものもあるね

実体の長さには
どんな意味があるのかしら？

ローソク足の形は、株価がいまどんな状態
にあって、これからどう動くかを示す、
大事なシグナルなんだよ

株で儲けるには、安いときに買い、高くなったら売ることです。この売り買いのタイミングを、**ローソク足《あし》**は形で教えてくれます。

例えば、**実体《じったい》の長さ**を見てみると、**長くて白いローソク足**は、**株価が上がる**勢いが強いことをあらわしています。つまり、これから株価が上がるシグナルなので、もしも安値《やすね》圏《けん》でこれがあらわれたときは、**買いのタイミング**です。

一方、**長くて黒いローソク足**は、**株価が下がる**勢いが強いという意味です。これから株価が下がるシグナルなので、高値《たかね》圏《けん》であらわれたら**売りのタイミング**になります。

また、**ヒゲの長さ**にも売り買いのシグナルがあらわれます。

下ヒゲが極端に長いローソク足は、安値に比べて終値が大きく上がったことをあらわしています。これは、**株価が下がりにくくなった**というシグナルなので、安値圏であらわれたら買いのタイミング。

また、**上ヒゲが極端に長いローソク足**は、高値に比べて終値が大きく下がったという意味で、**株価が上がりにくくなった**シグナルです。高値圏であらわれたら、売りのタイミングになります。

実体とヒゲから、売買のタイミングがわかるよ

長くて白いローソク足

株価の上がる勢いが強い状態

安値圏であらわれたら
買いのタイミング

長くて黒いローソク足

株価の下がる勢いが強い状態

高値圏であらわれたら
売りのタイミング

下ヒゲが極端に長いローソク足

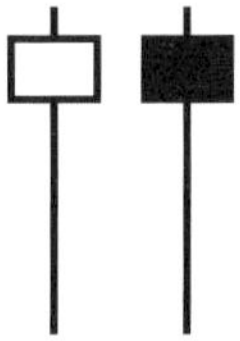

安値に比べて終値が大幅に上がった状態

安値圏であらわれたら
買いのタイミング

上ヒゲが極端に長いローソク足

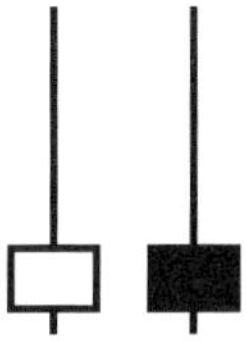

高値に比べて終値が大幅に安くなった状態

高値圏であらわれたら
売りのタイミング

実体もヒゲも短いローソク足

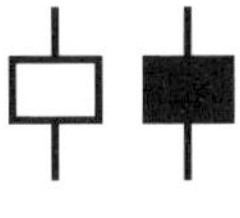

株価の勢いが弱く、動けない状態

実体が横棒だけのローソク足

売りと買いの勢いが対立した状態

04

株価チャートから、相場の大きな流れを読む！

ローソク足で株価の動きを読めるようになるには、時間がかかりそうね

もっと簡単に、**売買のタイミング**がわかる方法はないのかな

それなら、株価チャートから、**相場の大きな流れ**を読んでみよう

前に話の出た、「トレンド」ってやつですね

トレンドを読むには、**トレンドライン**を引きます。

株価チャートは、株価の山《やま》と谷《たに》をこきざみに繰り返して描かれますが、この山と山、谷と谷を、それぞれざっくりとした線で結んでみます。**山同士を結んだ線**を、**上《うわ》値《ね》抵抗線《ていこうせん》**といい、**谷同士を結んだ線**を、**下《した》値《ね》支《し》持《じ》線《せん》**といいます。

すると、この2本の線にはさまれるように、帯状のラインがあらわれます。これが**トレンドライン**です。

トレンドラインには、左の図のように3つの基本パターンがあります。

株価には、いったん一定の方向へ動きだすと、しばらくは同じ方向へ動きつづける習性があります。相場の大きな流れをつかんでおけば、売買のタイミング（山で売り、谷で買う）を的確に判断できるようになります。

また、それまで下降トレンドがつづいていたのに、急に株価が上回ったら、それは上昇トレンドに転換したことを意味します。

株価チャートから**トレンドの変わり目**をキャッチできれば、そこも売買のねらいめとなります。

トレンドラインの基本パターンは3つ

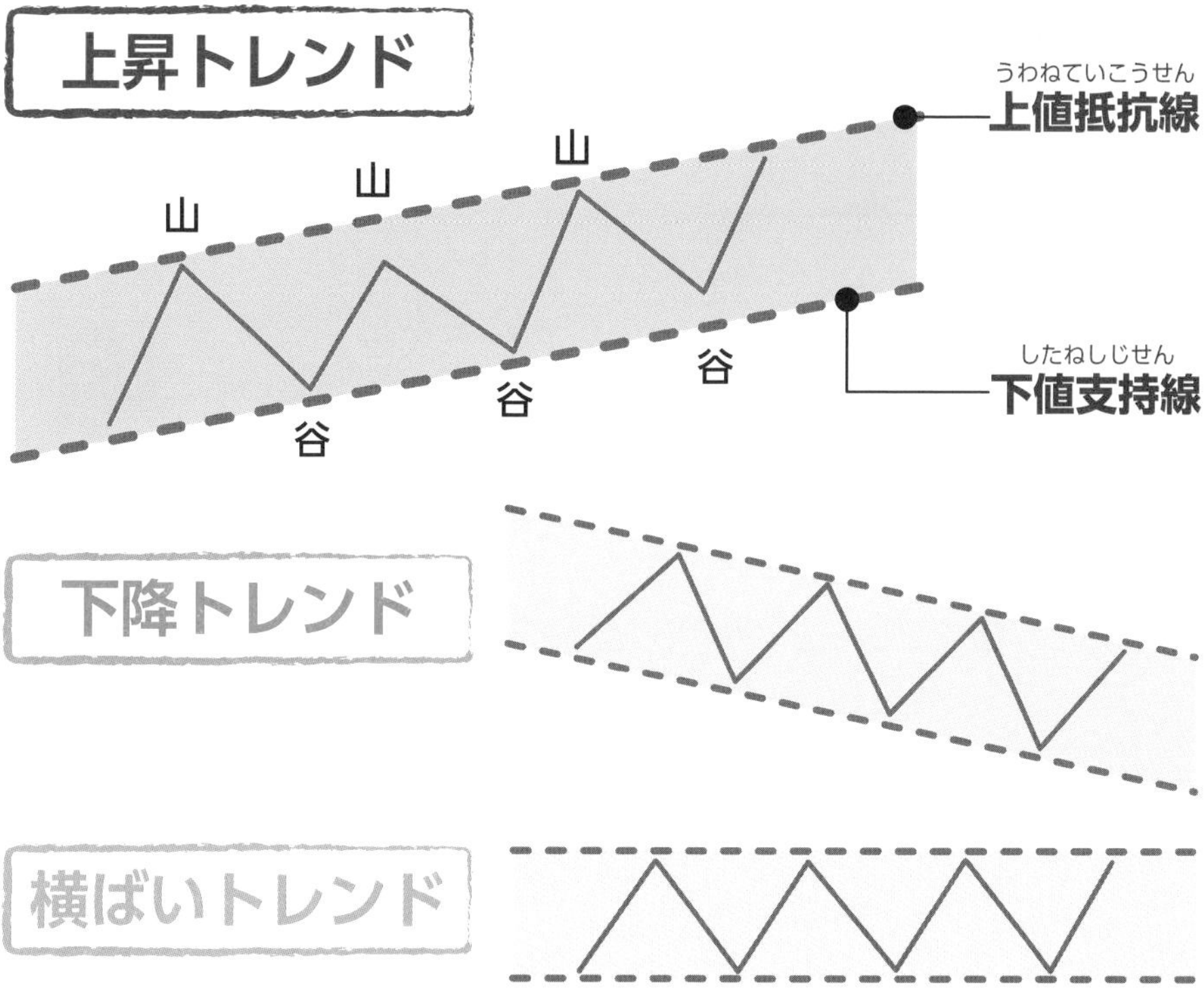

●株価が一定の価格帯で上下動を繰り返す

●株価がボックス圏から飛び出したら…

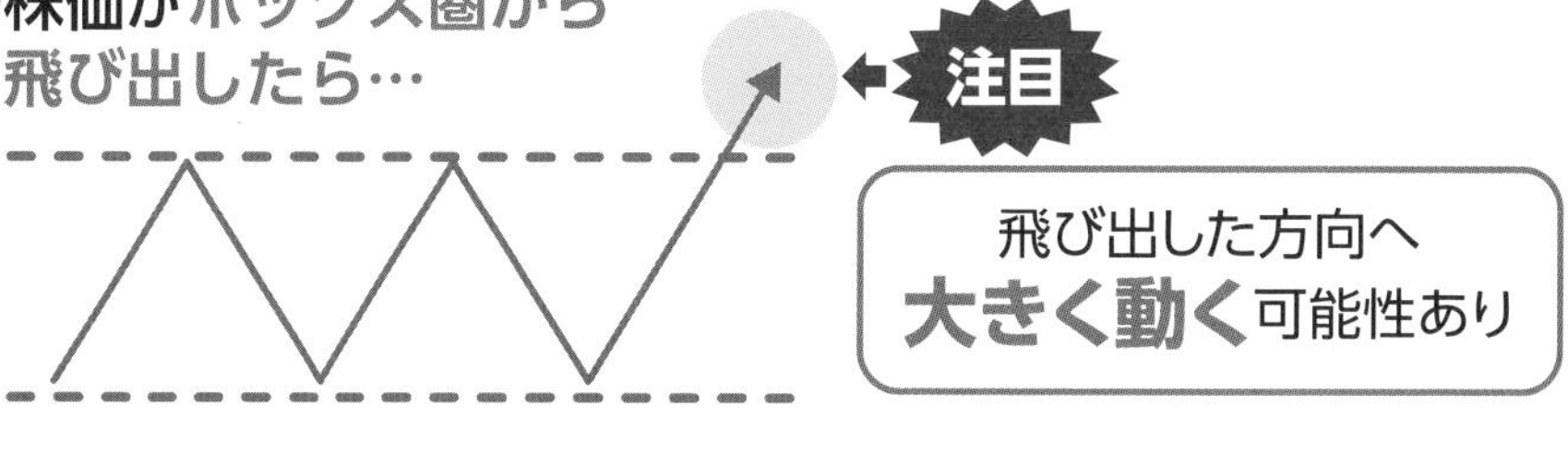

05

株価のトレンドは、移動平均線からも読める！

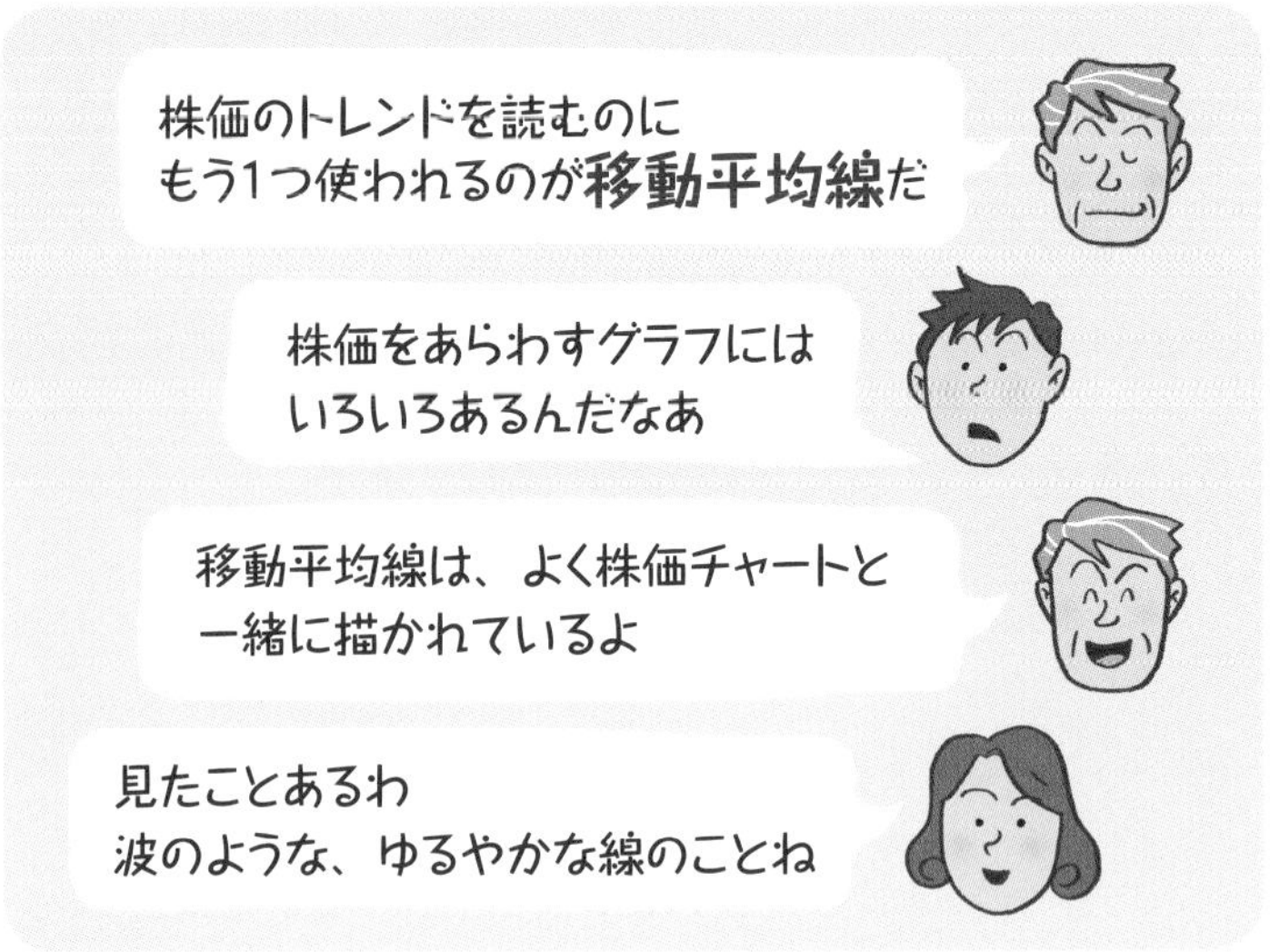
株価のトレンドを読むのに
もう1つ使われるのが**移動平均線**だ
株価をあらわすグラフには
いろいろあるんだなあ
移動平均線は、よく株価チャートと
一緒に描かれているよ
見たことあるわ
波のような、ゆるやかな線のことね

移動平均線《いどうへいきんせん》は、**過去の一定期間の株価の終値《おわりね》の平均値**を、折れ線グラフ化したものです。

例えば、5日間の移動平均線は、その日を含む直近《ちょっきん》の5日間の終値の平均値を計算し、翌日にまた同様の直近の計算をして、それらを線で結んだものです。

日ごと、週ごとの株価の細かな動きは株価チャートを見ればわかりますが、**株価の流れや傾向**をすう勢としてつかみたいときには、移動平均線を見ます。

5日移動平均線のほかにも、25日（1ヵ月）、100日（4ヵ月）、13週（3ヵ月）、26週（半年）などがあり、期間のとり方で移動平均線は大きく形を変えます。

移動平均線が**右上がり**ならば**上昇トレンド**、**右下がり**ならば**下降トレンド**と見ることができます。

どの移動平均線を見るかは、その投資がどのくらいの投資期間を前提にしているかによって違ってきます。

短期投資なら5日、25日など短い期間のものを参考にし、長期投資なら13週、26週などの長い期間のものを参考にするといいでしょう。

移動平均線は、終値の平均値を線で結んだもの

株価終値《おわりね》	1日め	2日め	3日め	4日め	5日め	6日め	7日め
	100円	110円	115円	109円	99円	101円	103円

1〜5日めの平均値 107円

2〜6日めの平均値 107円

3〜7日めの平均値 105円

この値を線で結んだのが移動平均線《いどうへいきんせん》

株価チャートと移動平均線を重ねてみると…

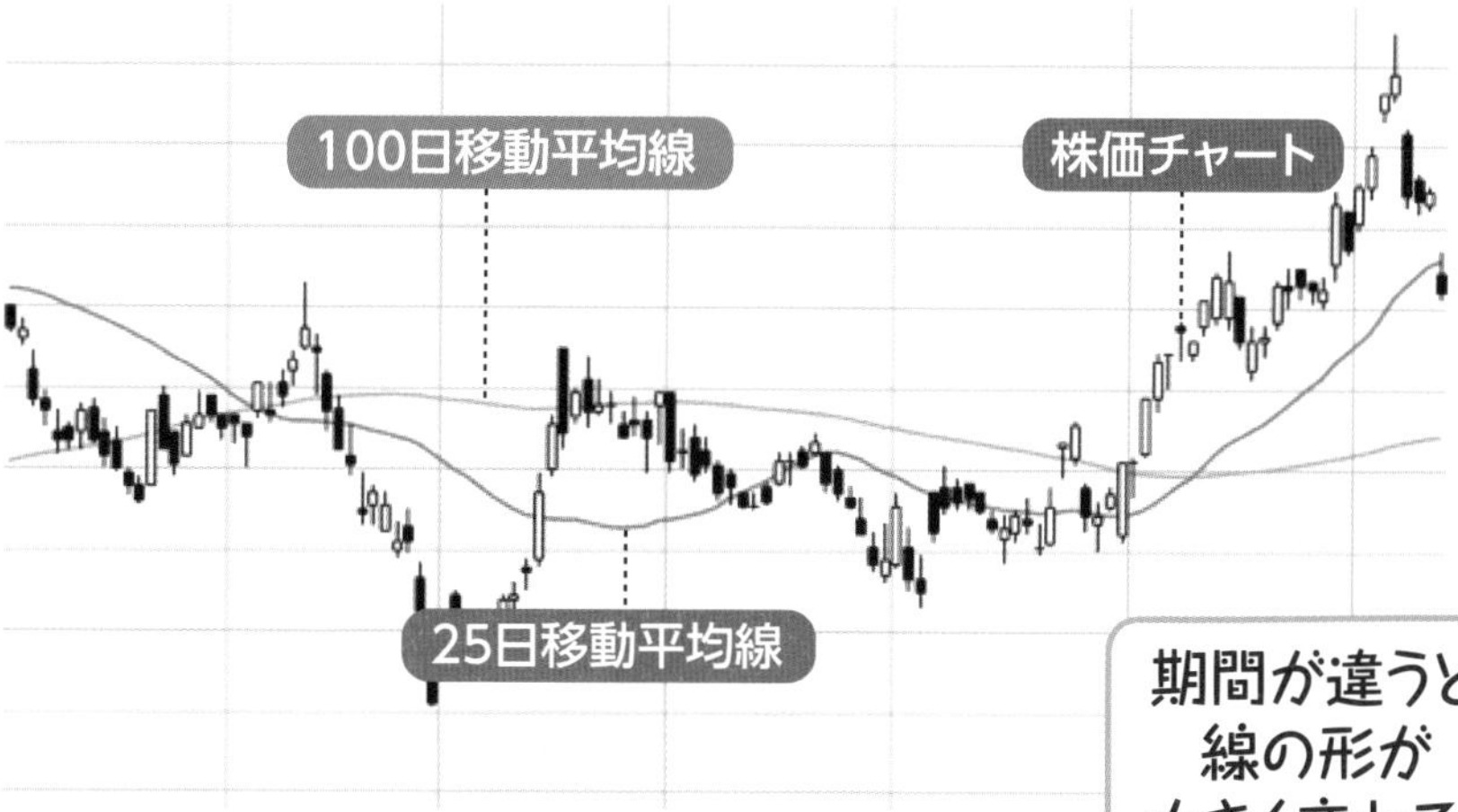

短期間の株価変動を知りたい ➡ **短期間の移動平均線を見る**

長期間の株価変動を知りたい ➡ **長期間の移動平均線を見る**

06

ゴールデンクロスがトレンドの変わりめを知らせる！

移動平均線は、終値の平均値をとる期間が異なると、形が大きく変わったね
山と谷が、少しずつズレるようです
株の投資家なら、そのズレを見逃してはいけないよ
なにかのサインなのかしら？

短期と長期の、**期間が異なる2本の移動平均線《いどうへいきんせん》**から、売り買いのタイミングを探る方法があります。

短期の移動平均線が、下から上へ上がってきて、横ばいか上向きつつある長期の移動平均線と交わり、上へ突き抜ける現象を、**ゴールデンクロス**といいます。

これは、いままでの下降トレンドが終わって、新たに**上昇トレンドが始まった**ことを意味します。

つまり、ゴールデンクロスがあらわれたら、**買いどきのサイン**ということです。

これとは逆に、短期の移動平均線が上から下へ下がってきて、長期の移動平均線と交わって下へ突き抜ける現象を、**デッドクロス**といいます。

デッドクロスは、いままでの上昇トレンドが終わり、新たに**下降トレンドが始まった**ことを意味します。

つまり、デッドクロスがあらわれたら、**売りどきのサイン**ということです。

この2つの移動平均線は、短期投資では5日と25日の線を用い、中期投資では13週と26週の線を用いるのが一般的です。

ゴールデンクロスとデッドクロスを見逃すな

短期の線が、長期の線を下から上へ突き抜けた

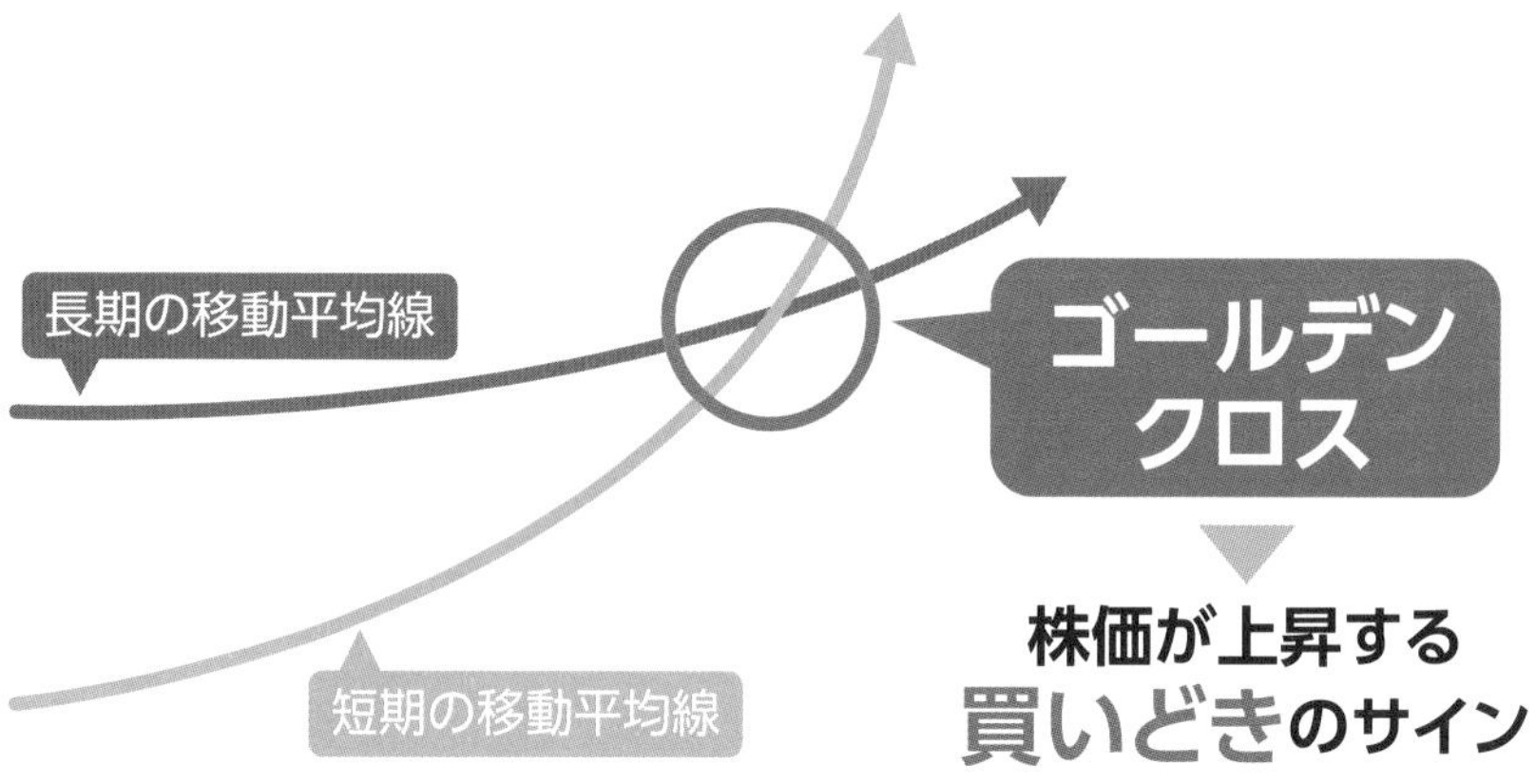

短期の線が、長期の線を上から下へ突き抜けた

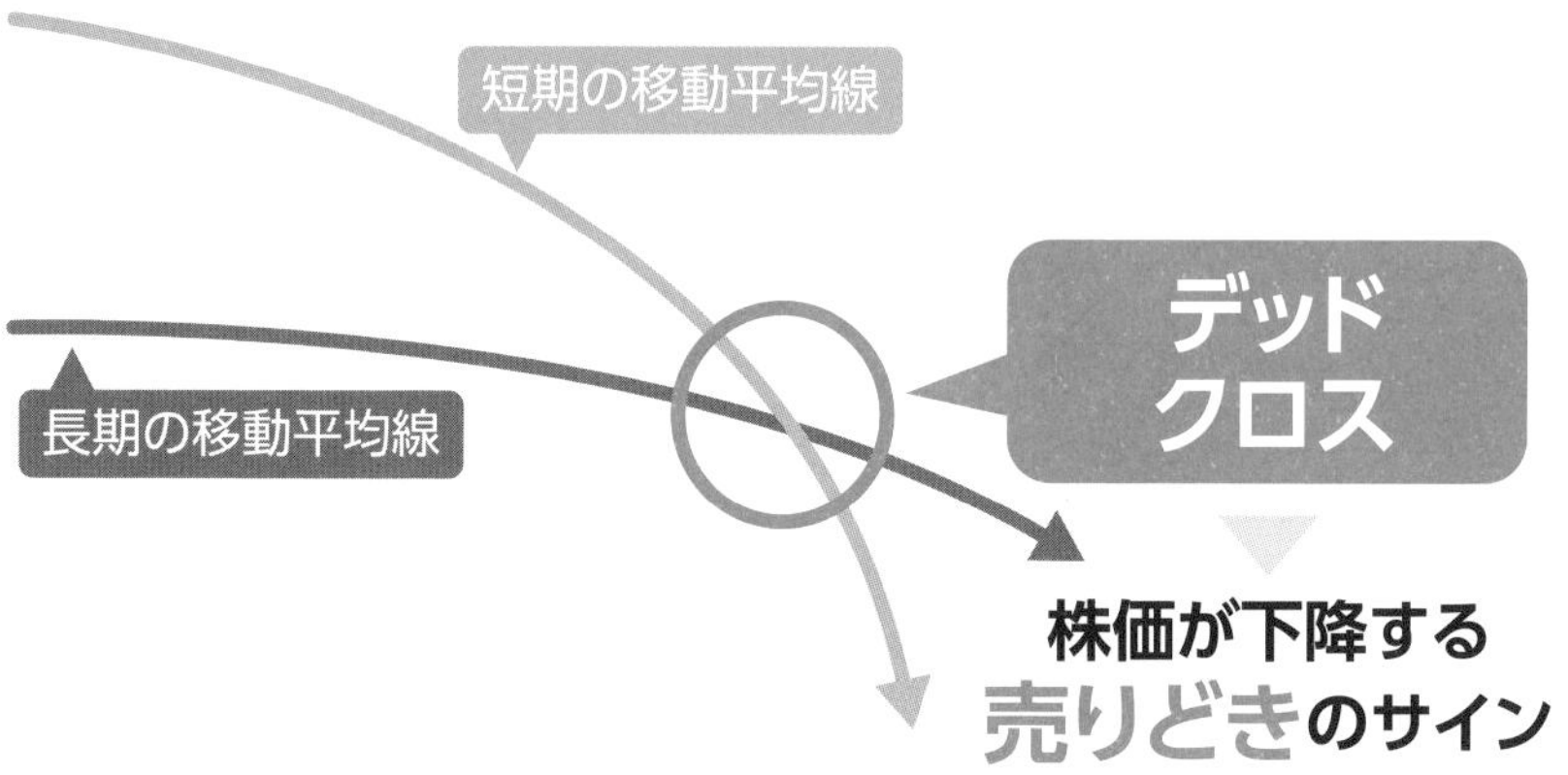

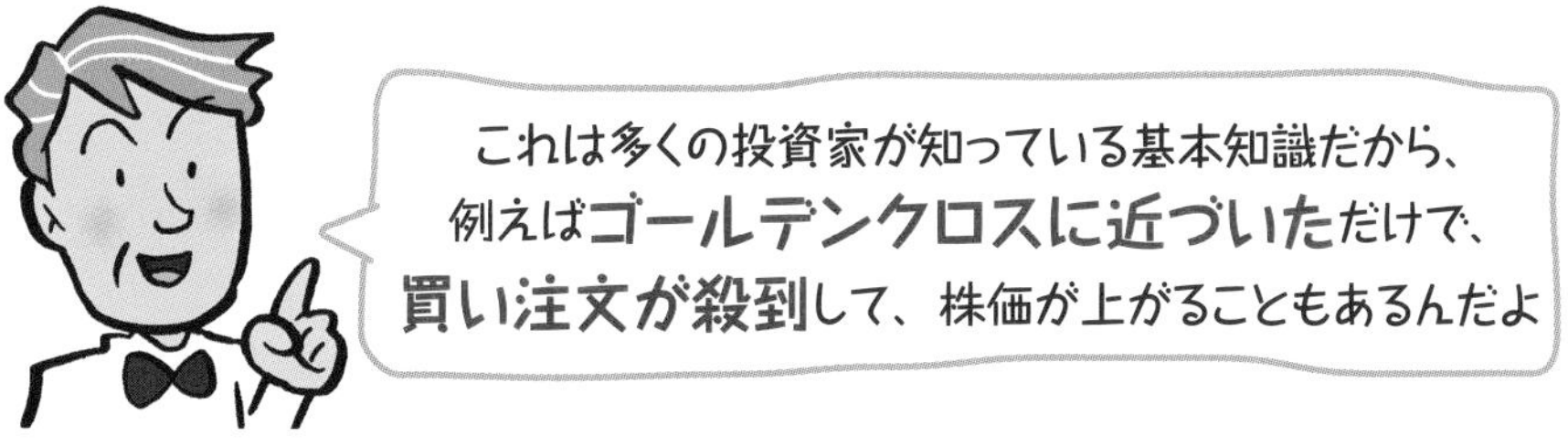

07

グランビルの法則で、売りどき、買いどきを見つけよう！

移動平均線がわかってきたら「グランビルの法則」も覚えておこう
グランビル？人の名前かしら？
米国の有名な証券アナリストだよ 彼は株価と移動平均線の動きから売りどき、買いどきを見つける法則をあみだしたんだ

左の図を見てください。青い線は**株価**の推移、赤い点線は長期の**移動平均線**《いどうへいきんせん》です。

この2つの線の動きの中には、株の買いどきを示す4つの信号と、売りどきを示す4つの信号があります。これが**グランビルの法則**です。

売り買いのタイミングを判断する目安の1つとして活用できます。

買いのチャンス！

買い信号① 移動平均線が下げつづけたあと、横ばいか上向きのところで、株価が移動平均線を下から上へ突き抜けたとき。重要な買いどき。

買い信号② 移動平均線が上向きを保っているところで、株価が移動平均線を下回ったとき。一時的な調整局面と考えられる。

買い信号③ 移動平均線より上にあった株価が下がってきたが、移動平均線を下回らずに再び上向いたとき。上昇基調《きちょう》に変化なし。

買い信号④ 下げつづける移動平均線を株価が割り込み、さらに急落《きゅうらく》したとき。株価はこのあと盛り返しが期待できる。短期の買いどき。

売りどき、買いどきの8つの信号

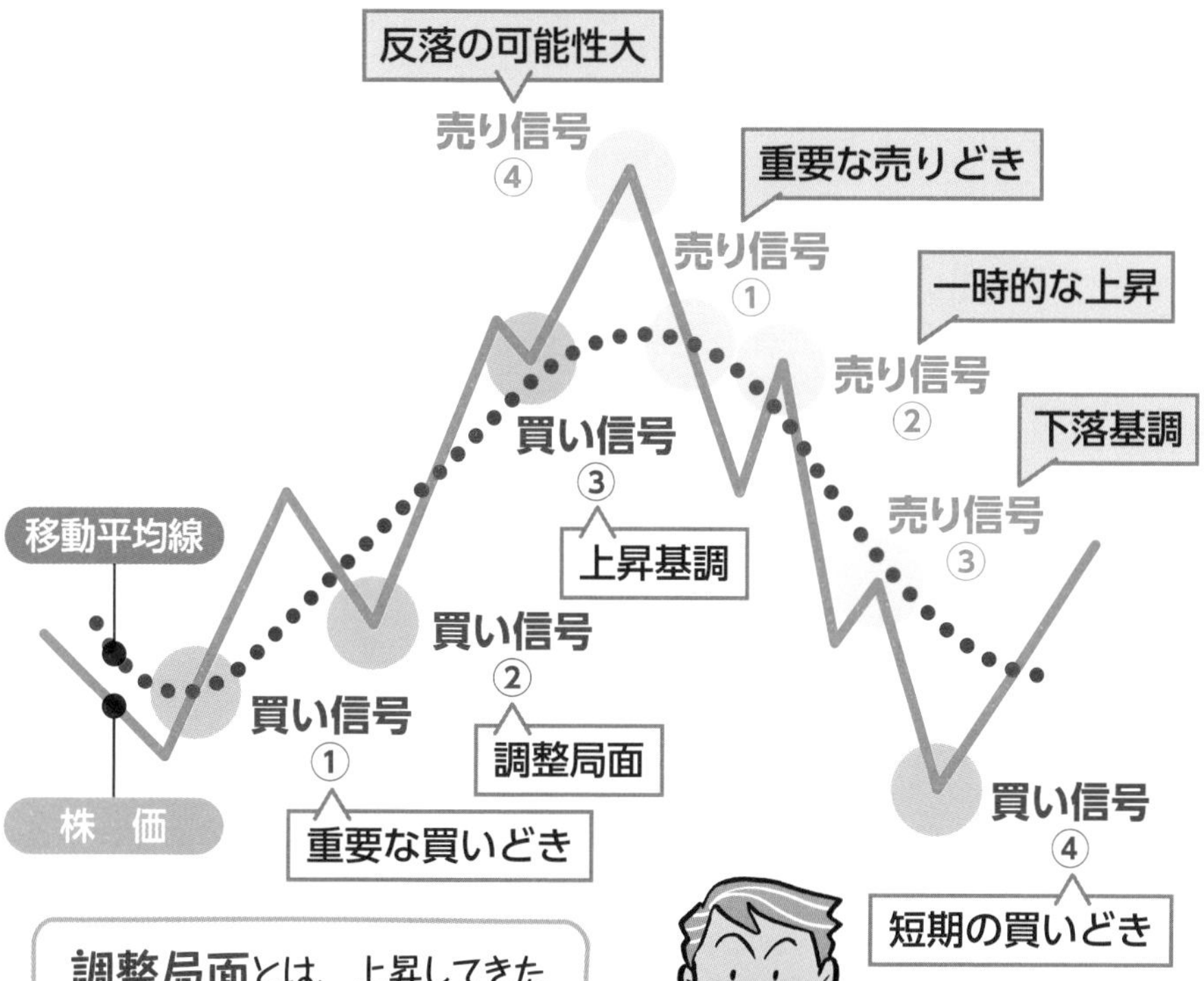

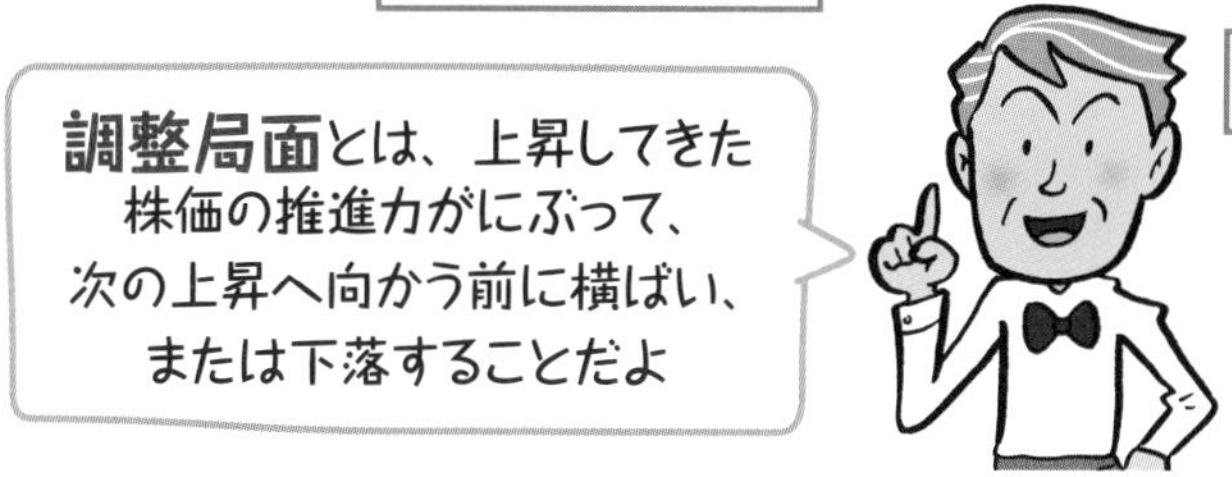

売りのチャンス!

売り信号① 上向いていた移動平均線が横ばいか下げに転じたところで、株価が移動平均線を上から下へ突き抜けたとき。重要な売りどき。

売り信号② 移動平均線が下がっているところで、株価が移動平均線を上回って上がったとき。株価は一時的な上昇と見られる。

売り信号③ 株価が移動平均線に向かって上がってきたものの、移動平均線を抜けずに再び下がったとき。下落基調がつづく。

売り信号④ 上がりつづけている移動平均線から、株価が上に大きく離れたとき。株価はこのあと反落《はんらく》する可能性が高い。

デイトレードで勝てるのはどんな人？

その昔は、「日《ひ》計《ばか》り商《あきな》い」といいました。1日に1回、あるいは複数回の取引を行って、細かな利益を積み重ねる売買手法を、**デイトレード**といいます。

デイトレードをする人＝デイトレーダーが使うのは、チャートと板《いた》情報（銘柄《めいがら》別に売買注文の状況を示す情報）。これで株価の短期的な変動をとらえて売買します。

手数料が高かった時代には、頻繁《ひんぱん》な売買は手数料コストが高くなってしまったのですが、ネット証券の手数料が劇的に下がった結果、取引回数を増やしても手数料はあまり負担になりません。そこで、1日に何百回もの売買を行って資金を増やすという、勇ましい投資家も出てきました。

デイトレードの強みは、

①資金を何回転もさせて売買するので、効率がいい

②その日のうちに決済するので、夜中に海外で事件が起こっても大丈夫

③ファンダメンタルズ（銘柄の業績や財務）をあまり考えなくていい

といった点にあります。

逆に、ゲーム性、ギャンブル性が高く、資金管理をきちんとできないと失敗する、といわれます。

また、複数のパソコンや、モニターなどの装備も不可欠です。

株式市場の変化に即応する瞬発力や、集中力が求められるなど、その成功には特殊な能力が必要かもしれません。

Chapter5

自分流で儲けよう

01

自分に合った投資スタイルを探そう!

銘柄の選び方や、売買のタイミングはわかったけど、**もっとラクに、必ず儲かる方法**ってないのかしら?

残念ながら、**そんなものはないね**

ビギナーのボクたちが株で儲けるには、どうすればいいんですか?

まずは、これが「自分流」といえる**投資スタイル**を見つけることだよ

投資家が100人いれば、100通りあるといわれるのが、**株式投資のやり方**です。

投資する目的や投資額、投資する資金の性格、そして投資家自身の性格などに応じて、各人が工夫をこらし、自分に合ったやり方を見つけていくのが株式投資です。

昔から、投資家はそれに悩み、努力してきました。**株式投資は自己責任**。成功も失敗も自分次第。自分の努力や工夫ひとつで、得られる成果は限りなく大きくなります。だからこそ、株式投資は楽しいのです。

大事なのは、**致命的な損失を出さない**こと。株式投資は、つねに**リスクと隣り合わせ**です。このあと紹介するように、リスク管理の方法もあるので、リスクとうまくつき合うことが肝心です。あまり大きな損失を出してしまうと、生活が破綻《はたん》して、株式投資どころではなくなってしまいますよ。

最初のうちは**大きな儲けを追わず、損を抑えて**、できるだけ投資生活を長くつづけるコツを身につけましょう。経験を積めば、やがて**自分流の投資スタイル**が見つかるはずです。

あなたはどっちの投資スタイルでいくかな？

➔P.104へ

➔P.106へ

➔P.108へ

➔P.110へ

➔P.116へ

02

投資期間はどうする？ 長期投資か、短期投資か？

陸上競技では、自分の適性に応じて、
長距離ランナーと短距離ランナーがいるね
株式投資も同じで、**自分に合った**
投資スタイルを見つけるとうまくいくよ

ボクには、どんな投資スタイルが
合っているのかな？

まずは、**投資の期間**を考えてみよう
長い時間をかけてじっくりと成果を出すか
それとも短期間の売買で儲けをねらうか
キミはどっちが合っているかな？

投資の期間で見ると、投資家は大きく2つのタイプに分かれます。

1つは、主に決算書などを使ったファンダメンタルズ分析をもとに、長期間にわたる投資で大きな成果を求めようとする、**長期投資派**。

かたや、主に株価チャートを使ったテクニカル分析をもとに、短期の売買を繰り返して、小幅な利益を積み上げようとする、**短期投資派**です。

性格的には、ジックリ型と、サクサク型といえるでしょう。

ここでいう長期とは、一般的に1〜2年以上のこと。短期は、数日〜数週間の期間です。

ただ、NISA《ニーサ》の非課税期間は5年間なので、5年のスパンで考える長期投資派もいるでしょう。また短期投資派でも、数日どころか1日のうちに何度も売買をする、「デイトレーダー」と呼ばれる投資家もいます。

長期投資のメリットは、配当金や株主優待を受けながら、どっしりと構えていられること。一方、短期投資のメリットは、株式市場に急激な変化があっても、柔軟に対応できる点です。

長期投資でいくか、短期投資でいくか

長期投資		短期投資
1 ～ 2年以上	投資期間	1日～数週間
決算書など	参考情報	株価チャートなど
ファンダメンタルズ分析	主に使う指標	テクニカル分析
会社の利益成長	着眼点	株価の動き、需給《じゅきゅう》の変化
●ゆったり投資できる ●配当金や株主優待を楽しめる	メリット	●リスク変化に対応できる ●市場環境をあまり気にしなくていい
●経済見通しや会社業績の分析が必要 ●急激な環境変化に対応しにくい	デメリット	●気ぜわしい ●頻繁に株価をチェックしなければならない

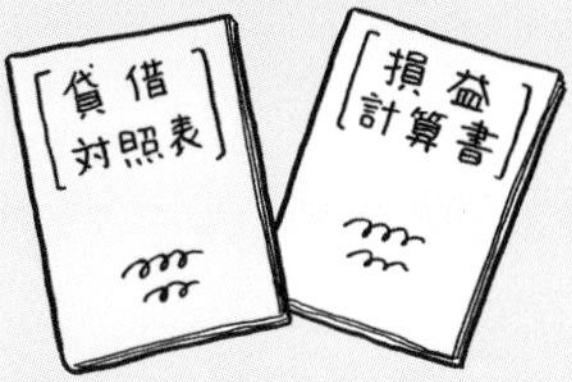
貸借対照表
損益計算書

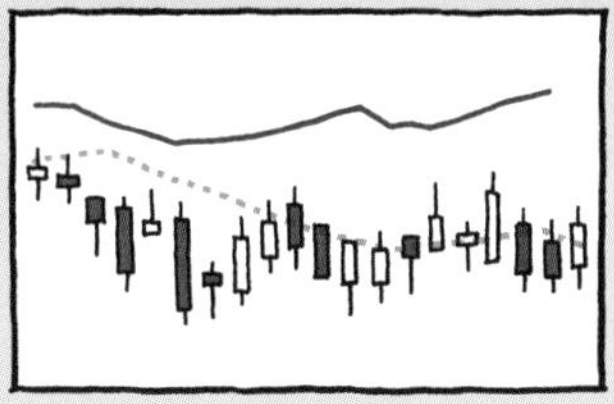

OONEWS
いやぁ〜〜
株価が大暴落です

株価が気になって仕事が手につかない〜

03

銘柄の特徴はどうする？ バリュー株か、グロース株か？

ふたりのうちで、理知的で冷静なタイプは、どっちかな？
そりゃあ、私でしょ
だったら、バリュー株がおすすめだよ 実力の割に、株価が安くなっている銘柄だ
ボクは、どうですか？
そうだな。一攫千金を夢見ているようだから、グロース株をねらうとおもしろいかもね

本当は実力があり、価値が高いのに、株式市場での評価が低いために、いまは**株価が割安**《わりやす》になっている銘柄《めいがら》があります。

これを**バリュー株**といいます。バリューとは、「会社の価値」のことですね。

バリュー株をねらう投資家は、主に会社が保有する**資産**や**キャッシュ**に着目し、**PBR**《ピービーアール》**（株価純資**《かぶかじゅんし》**産倍率**《さんばいりつ》**）**などの株価指標を使って、株価が割安になっている銘柄を探します。

これに対して、**グロース株**と呼ばれる銘柄があります。グロースとは、「成長」という意味。売上げや利益が伸びていて、実力や事業環境などから見て、**将来的にも成長が期待できる**銘柄です。

参考にする株価指標は、主に**利益**を基準とする**PER**《ピーイーアール》**（株価収益**《かぶかしゅうえき》**率**《りつ》**）**を使います。

一般的に、**景気がよくなるとグロース株**に人気が集まり、**停滞期になるとバリュー株**が買われることが多くなります。

投資スタイルとしては、どちらか一方にかたよらず、景気や株式市場の動きに応じて柔軟に切り替えていきましょう。

ユキ流

バリュー株をねらうか、グロース株をねらうか

理知的で
冷静なタイプ？

バリュー株をねらえ！

どんな銘柄？

□**成熟した市場**で、**強い事業基盤**を確保している
□**成長率は高くない**が、**保有する資産が多い**
□**安定した事業の拡大**が期待できる
□成長率は、**数%〜 10%**程度

投資の仕方は？

□PBRなどで見ると、現在の**株価水準が割安**
□**割安な水準で買い、割高な水準まで上昇したら売る**

グロース株をねらえ！

情熱的で
夢見るタイプ？

どんな銘柄？

□まだ会社の規模は小さいが、**成長産業**に属し、市場が急速に拡大している
□自社の**売上高が急成長**し、**利益も飛躍的に伸びている**
□環境の変化により、**事業拡大に急ブレーキ**がかかることもある
□成長率は、**10%以上**が普通

投資の仕方は？

□先行きへの期待から、**割高に買われがち**
□**高い成長率なら、高いPER**、が原則
□**ライバル会社や類似業種の平均PERを、株価目標に設定する**

04

株価水準はどうする？ 値がさ株か、低位株か？

いつもお世話になっているお礼に、
ユニクロで買ったボディウォーマーを
プレゼントするわ

おお、腹巻きだね。ありがとう！
ところで、ユニクロを経営する会社の株価は、
いくらか知っているかな？

ユニクロの会社も上場しているんですね

ファーストリテイリングというんだ
1株で9万円近くもするんだよ

※2021年
3月末現在

株価水準が高い銘柄《めいがら》を、**値《ね》がさ株《かぶ》**といいます。中でも、株価が1万円以上するものは、**超《ちょう》値《ね》がさ株**と呼ばれます。

　株価が高くなったのは、業績がよく、多くの利益を出しているためで、**経営的に優れた会社**が多く見られます。とくに長期投資派やグロース株投資派にとっては、格《かっ》好《こう》の投資対象といえるでしょう。

　これとは逆に、**低《てい》位《い》株《かぶ》**といって、**株価水準が低い**銘柄は、**投資効率がいい**という理由から、人気を集めることがあります。

　株価300円の銘柄が300円上がれば、上昇率は100%。一方で、株価3000円の値がさ株が300円高くなっても、上昇率は10%にしかなりません。

　このように低位株は、ごく短期間で何割もの株価上昇をするケースがあるほか、**投資金額が少なくて済み**、そのため**多くの銘柄に投資できる**というメリットもあります。

　ただし、株価水準が安い理由はさまざまです。配当金を支払っていない**無《む》配《はい》株**や、発行済み株式数が多い**大型《おおがた》株**などは、株価水準が低くなりやすくなります。

値がさ株をねらうか、低位株をねらうか

値《ね》がさ株《かぶ》
株価の水準が**高い**銘柄

低位株《ていいかぶ》
株価の水準が**低い**銘柄

値がさ株だと…

株価
5,000円
5,100円

上昇幅100円 → **上昇率 2%**

低位株だと…

株価
200円
300円

上昇幅100円 → **上昇率 50%**

上昇幅は同じでも、上昇率は大きく違う

値がさ株だと…

100株の購入代金

株価
5,000円
×100株= **50万円**

低位株だと…

100株の購入代金

株価
200円
×100株= **2万円**

同じ株数でも、購入代金は大きく違う

05

投資のタイミングはどうする？ 順張りか、逆張りか？

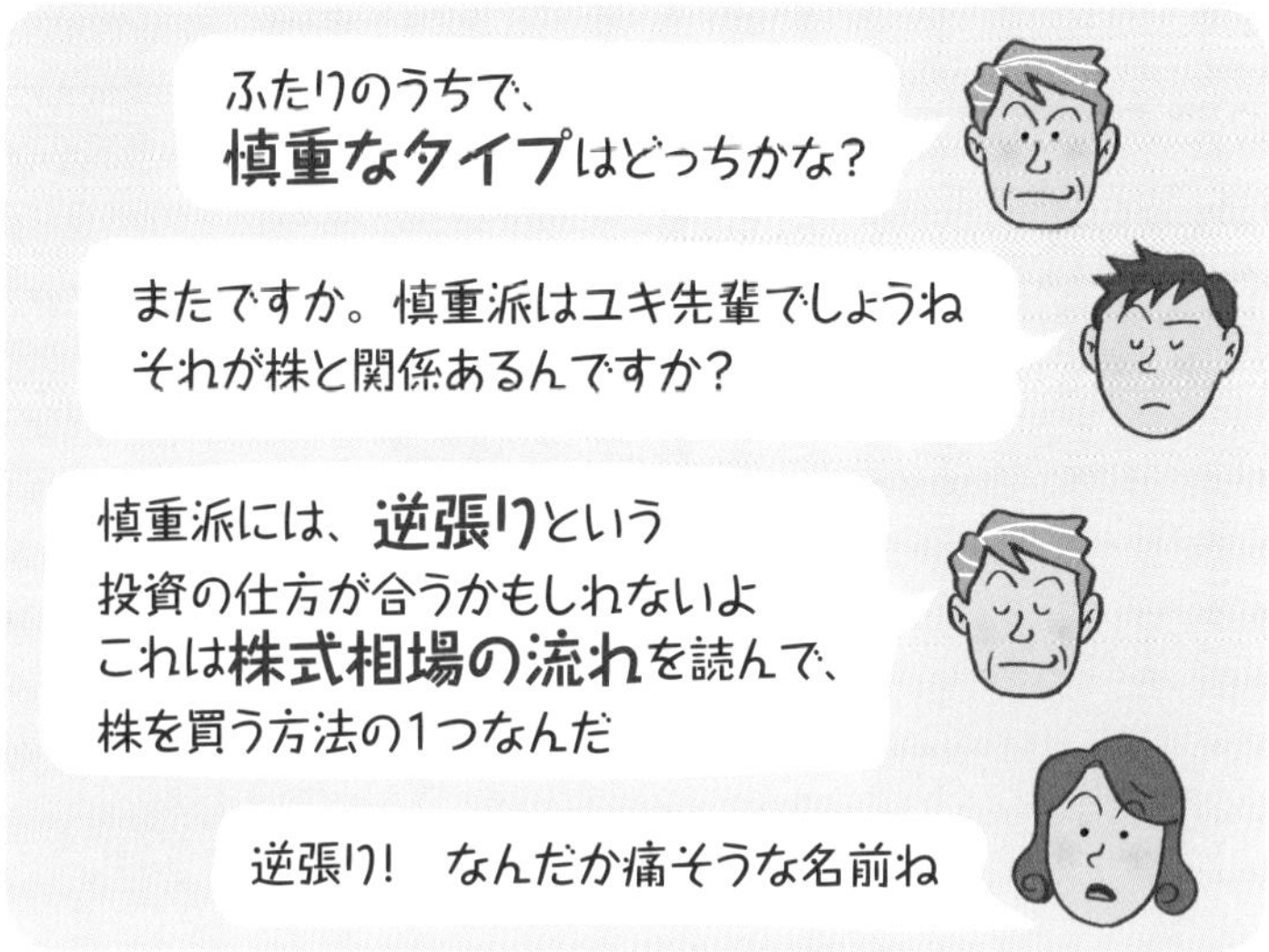

ふたりのうちで、
慎重なタイプはどっちかな？
またですか。慎重派はユキ先輩でしょうね
それが株と関係あるんですか？
慎重派には、逆張りという
投資の仕方が合うかもしれないよ
これは株式相場の流れを読んで、
株を買う方法の1つなんだ
逆張り！　なんだか痛そうな名前ね

株式相場の上昇、下降の波に対して、その**流れに乗って**利益を得ようとする投資の仕方を、**順張《じゅんば》り**といいます。

反対に、相場の**流れに逆らって**儲ける手法が、**逆張《ぎゃくば》り**です。

左ページの上の図では、上がりつづけていた株価が、いったん下がったのち、再び上昇して以前の高値を抜きました。このとき、「これで新しい上昇相場に入った。さらに値上がりするだろう」と考えて、買いに走るのが順張りです。

逆に下の図では、下げつづけていた株価が、前の安値と並ぶ水準まで下げました。このとき、「長かった下降相場も終わり。今度は上昇相場に入るだろう」と考えて、買いに走るのが逆張りです。

どちらの場合も**テクニカル分析**を行い、「上昇がつづく」「上昇に転じる」のシグナルを、しっかりと確認することが大切です。

とくに順張りでは、株価が上がりきったところで買ってしまう、いわゆる**高値《たかね》つかみ**になる危険もあるので注意しましょう。

一般的に、**楽観的な投資家は順張り**を好み、**慎重派は逆張り**に向かうことが多いといわれます。

ユキ流

順張りでいくか、逆張りでいくか

順張《じゅんば》り
上昇相場がつづいている
前の高値を抜いた！
もっと上がる！
株価
買いポイント
買いポイント
高値をつかまされて泣かないようにね！
逆張《ぎゃくば》り
下降相場がつづいた
これ以上は下がらない！
いまが買いどき！
株価
買いポイント

06

行きあたりばったりはダメ！ 投資の戦術をしっかり立てる！

ボクの先輩は、はじめて買った株が大化けしたんです。そんな儲かる株はないかなあ

米国のウォール街には、
「ビギナーズラックは最悪の経験」
という格言があるんだ

幸運をつかんだのに、それがなぜ悪いの？

偶然や幸運で成功すると、「自分は投資の天才だ」なんて勘違いしてしまい、その後は思いつきや行きあたりばったりの投資になりがちなんだ

株のビギナーは、自分の**投資行動をしっかりチェックする**ことが大切です。

新たに株を購入するときは、事前に基本方針を立てましょう。

①どんな銘柄《めいがら》を、②どういう理由で、③いくらで買い、④いつごろまでに、⑤いくらまでの値上がりを想定するか。また、⑥いくらまで値下がりしたら処分するか、などを決めます。

あとになって方針を変えなくてはならないこともあるので、そのときに検討しやすいように、この購入時の基本方針は必ずノートに書きとめておきましょう。

また、思ったような成果を得られなかったときは、購入理由や値上がりの目標値《もくひょうち》に誤りはなかったか、あるいは環境の変化などがなかったかなどを反省点としてまとめ、次の投資の参考にします。

ここで大事なのは、**思いつきや行きあたりばったりの投資はしないこと**です。初心者ほど、必ず**自分なりの戦術**を立てて、それにもとづいて行動することが肝心です。そうした経験を重ねていけば、自分に最適な投資方法がおのずとわかってくるでしょう。

戦術を決めてから、投資作戦を開始せよ！

戦術
を決める！

銘柄は？	購入理由は？	購入価格は？
川口重工	水素事業が有望	450円

投資期間は？	目標値は？	処分価格は？
1年間	1,000円	400円

投資作戦スタート！

1年後…

目標値に届かず
購入価格を下回る
380円で売却！

ギモン解決！

目《もく》標《ひょう》値《ち》の決め方は？

①前の高値、②下げ幅の倍返し、③同幅上昇など、テクニカル分析を参考に設定するか、④ PER何倍、⑤ PBR何倍など、ファンダメンタルズ指標を利用するといいよ

07

儲かってばかりとは限らない！ 損切りの大切さを知ろう！

株を買うときの基本方針に、
「いくらまで値下がりしたら処分するか」
というのがありますが、どういう意味ですか？

値上がりを期待して買った株でも、
値下がりすることはよくあるんだ。放っておくと、
ドンドン下がりつづけることもね

だからといって、
手放してしまったら、損しちゃうわね

でも、ときには
あえて損をすることも大事なんだよ

株式投資は、儲かってばかりとは限りません。ときには、買ったときよりも安い株価で売らなくてはならないこともあります。

買い値よりも安く売ることを、**損切《そんぎ》り**といいます。損切りは、**これ以上、損失を膨らませないために、勇気をもって行うべき投資戦術**の1つです。

あらかじめ一定の価格を決めておき、**そこまで下がったら処分する**ことにします。これを**処分《しょぶん》価格《かかく》**（**損切《そんぎ》り価格《かかく》**）といいます。

損切り価格は目標値への上昇率よりも低い下落率で設定しましょう。

損切りは、つらいものです。もともと、上がると思って買ったカワイイ株。「いまは下がっているが、そのうちにきっと上がるに違いない」と、誰もが思います。

でも、そのうちに買い値の半分以下になるなど、手放すこともできない水準まで下がることもあります。そんな「**塩漬《しおづ》け状態**」になっては、もうリカバリーのしようもありません。

そうしたことを防ぐためにも、必ず処分価格を決めてから、株を買うようにしましょう。

処分（損切り）価格は、どうやって決めるの？

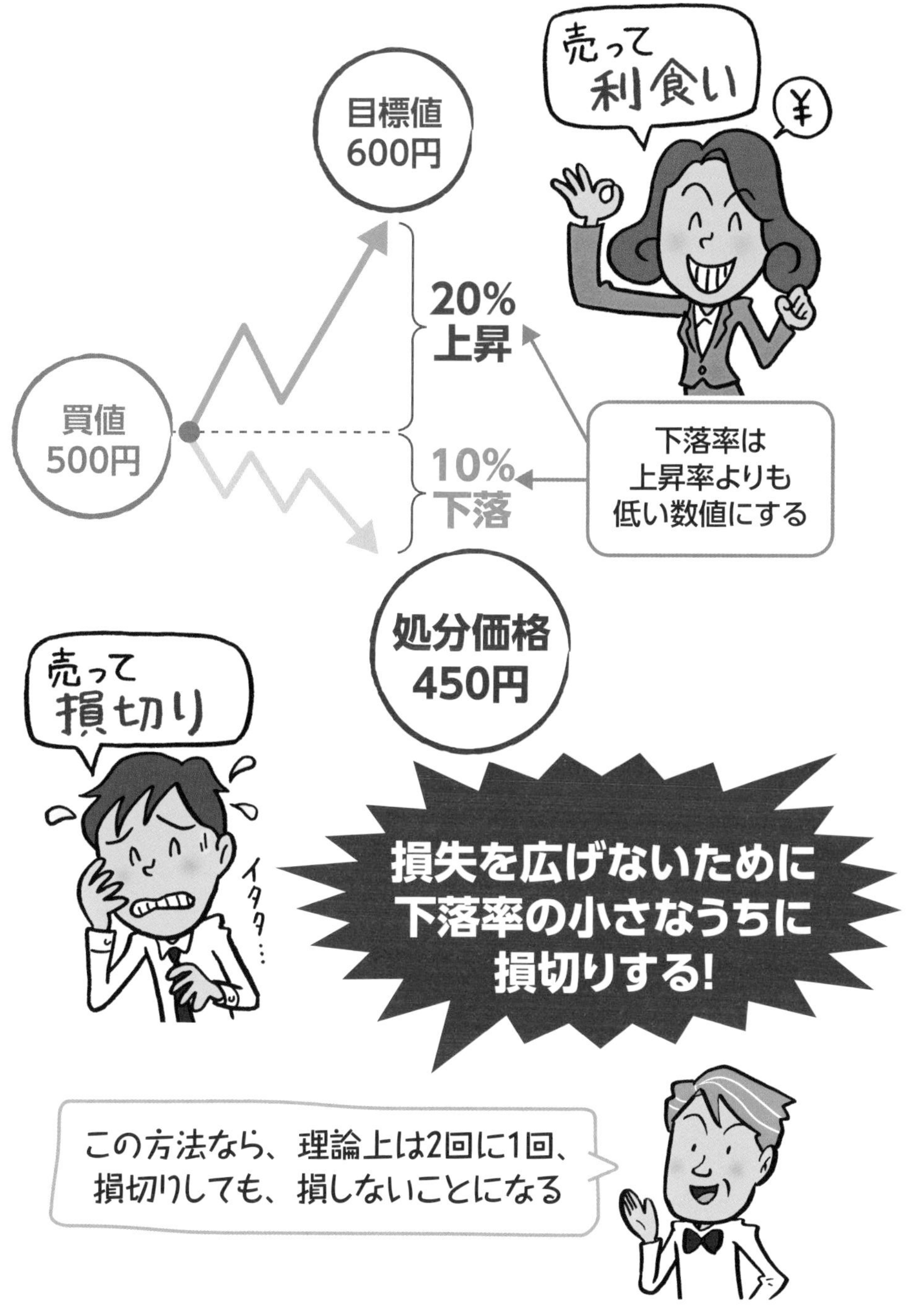

08

投資のリスクはどうする？ 分散投資か、集中投資か？

ところで、競馬好きの叔父さんは、
ふだんどんな馬券の買い方をしているの？

勝ちそうな馬を予想して、
単勝1点をドーンと買うのさ

ドーンといっても、せいぜい200円くらいでしょ

でも、1点買いだとハズレる
可能性が高くありませんか？

いいことに気がついたね
**投資先をしぼりこみすぎると、
リスクが大きい**んだ

「**タマゴを1つのかごに盛《も》るな**」。これは、昔から欧州の投資家に伝わる、投資の格言です。もしもかごを落としたら中のタマゴはすべて割れてしまいます。タマゴとは、財産のこと。つまり、財産をひとまとめで運用すると、**もしもなにかあったときに、すべてを失ってしまう**、という意味です。

では、どうするかというと、海外の投資家の間で常識になっているのが、**分散投資**です。その名の通り、財産をいくつかの投資対象に分散して投資します。これなら、たとえ1つの投資対象で失敗しても、ほかは無事でいられます。

株式投資でも、この考え方は大切です。1つの銘柄《めいがら》にすべての資金をつぎこむのは、リスクが大きく危険です。複数の銘柄に投資すれば、リスクを小さくできます。

それも**異業種《いぎょうしゅ》の銘柄の組み合わせ**がいいでしょう。業界全体で株価が動くことが多く、同業種だと**リスク回避にならない**ことがあります。製造業と非製造業、輸出関連と内需《ないじゅ》関連というように、**対立する業種**や、**関連性の低い業種同士**を組み合わせると、全体としてリスクを抑えられます。

分散投資するか、集中投資するか

分散投資		集中投資
収益が安定する	メリット	大きく儲けるチャンスがある
儲けは少なくなりやすい	デメリット	大損するリスクがある

分散投資の考え方

A株

元　手　100万円

時　価　80万円
変動幅　▲20万円

B株

元　手　100万円

時　価　140万円
変動幅　40万円

C株

元　手　100万円

時　価　90万円
変動幅　▲10万円

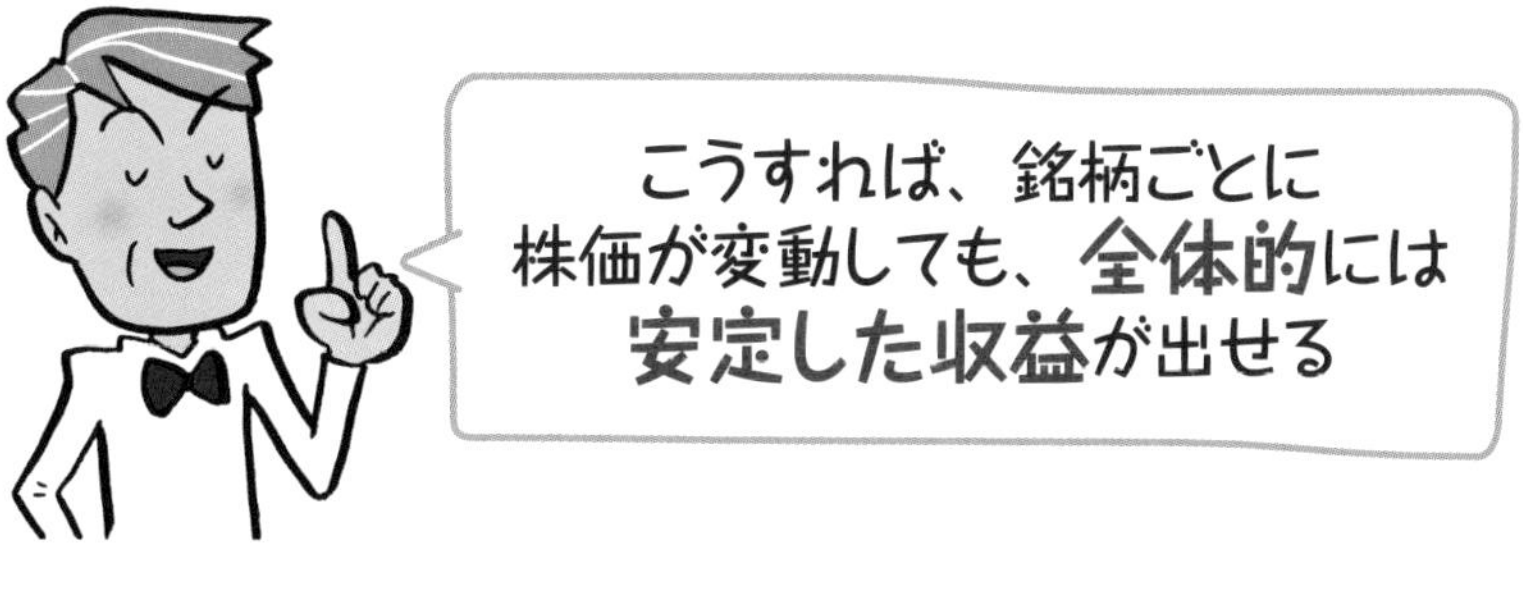
こうすれば、銘柄ごとに
株価が変動しても、全体的には
安定した収益が出せる

09

ドル・コスト平均法で、ほしい株を長期で増やす！

さっきのは、投資対象を分散する方法だけど、時間を分散するという方法もあるよ
時間？　なんの時間ですか？
株を買うタイミングだよ
ほしい銘柄を1度に買うのではなく、時間をずらして数回に分けて買うんだ
それには、どんなメリットがあるのかしら？

株価は、つねに変動するものです。そのため、購入を決めた株を1度にまとめて買ってしまうと、もしもその後に値下りして、もっと安く買うことができても、チャンスを逃してしまいます。

このような**価格変動のリスク**を小さくするには、1度に買ってしまうのではなく、**数回に分けて同じ額を購入する**ようにします。そうすれば、その間の**株価の上がり下がりをならす**ことができます。

こうした投資の仕方を、**ドル・コスト平均法《へいきんほう》**といいます。

毎回の購入額は一定なので、株価が高いときに買うと購入株数は少なくなり、逆に株価が安いときは購入株数が多くなります。

購入のタイミングがつかみにくいとき、あるいは**株価が横ばい**で推移しているときなどは有効な方法です。購入時期の間隔を1ヵ月おきとか3ヵ月おきと決めておけばいいでしょう。また、**長期で保有株式を増やしていく**ときにも有利な方法です。これを利用した「**るいとう**（累積株式投資《るいせきかぶしきとうし》）」という**少額投資制度**を証券会社が扱っています。つみたてNISA《ニーサ》も同じ考え方によっています。

ユキ流

ドル・コスト平均法で、時間を分散して買おう

例）投資資金50万円で、A社の株を購入する場合

1度にまとめて購入すると…

株価250円のときに、50万円購入

→ 購入株数は2,000株

10万円ずつ5回に分けて購入すると…

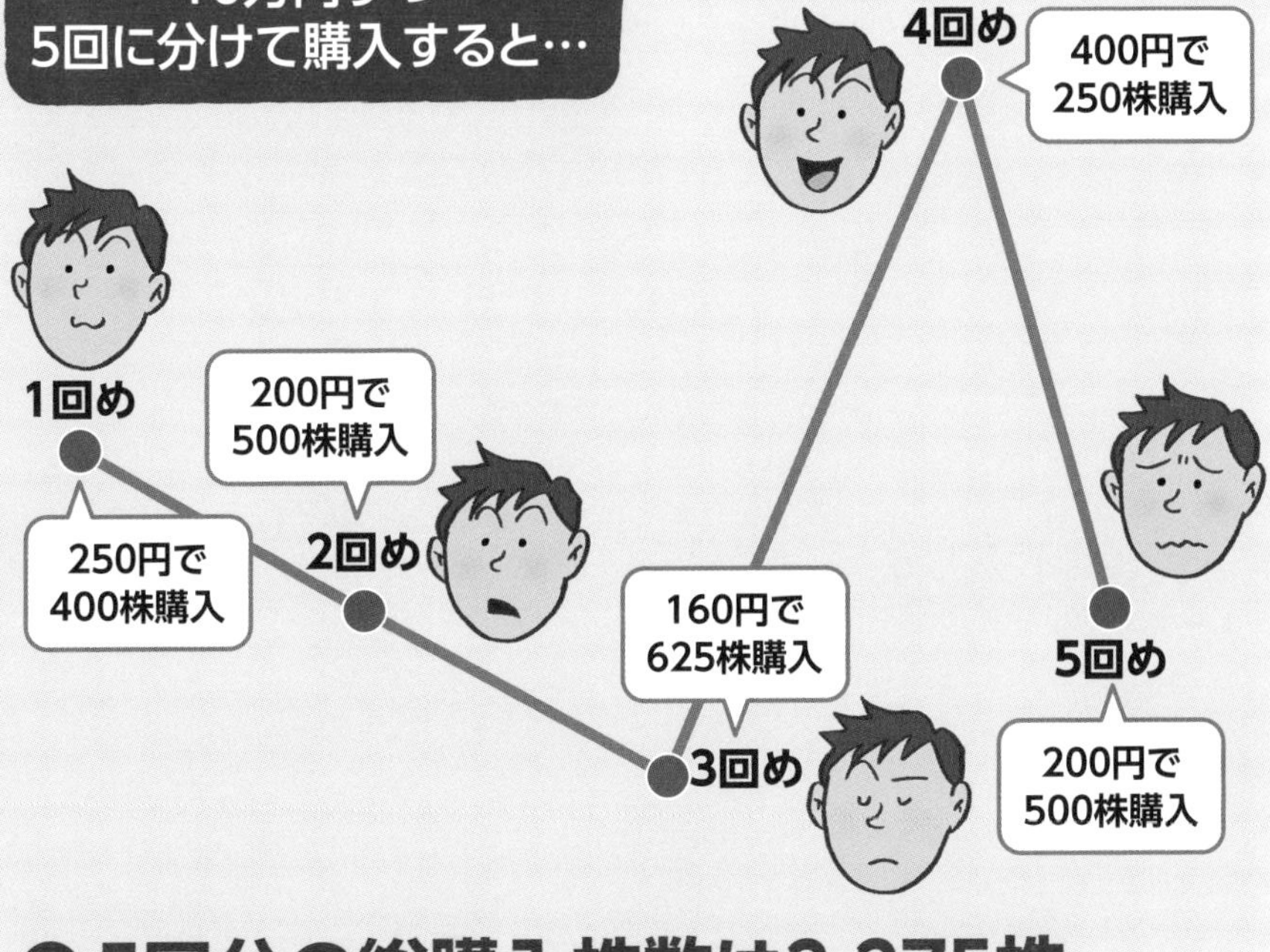

→ 5回分の総購入株数は2,275株

ただし、株価の**上昇傾向**がつづいた場合、
ドル・コスト平均法は**不利**になる。
横ばい、下落相場での購入に**有利**なんだ

10

お試しで買うなら、ミニ株や単元未満株で！

昨日、トヨタのディーラーでミニバンの新車に試乗したの。あれは売れそうね**トヨタの株**を買っておこうかしら

いまの株価が**8,616円**、単元株式数は**100株**だから、購入代金は**86万円**もしますよ

※2021年3月末現在

エッ、そんなに！　試乗会みたいに、ちょっとお試しで買うわけにはいかないのね

ところが、もっと安く済む方法もあるんだよ

一部の証券会社では、通常取引に適用される**単元株式数《たんげんかぶしきすう》の10分の1**の株式数で、売買できるサービスを提供しています。これを、**ミニ株**といいます。トヨタの場合だと、単元株式数は100株なので、その10分の1の10株で売買できます。これなら購入代金は8万6160円で済みます。

ミニ株は、少額で売り買いできるので、**お試しで気になる銘柄《めいがら》を買ってみる**ほか、投資資金が少ない人が多数の銘柄を保有したり、時間を分散して購入することができます。お試し以上に利用価値のあるサービスといえるでしょう。

また、ネット証券の中には、**たった1株から購入できる、単《たん》元未満株《げんみまんかぶ》**というサービスを提供しているところもあります。これなら、ミニ株よりもさらに少ない資金で、超値《ね》がさ株《かぶ》への投資を始められます。トヨタ株なら、わずか8616円です。

投資金額が少なければ、儲けは多くありません。資金が少ない人は、まずそれを増やすのが先決です。いろいろとお試しをして、勉強しながら資金を増やす、というのもいいですね。

少ない資金でも、高額な株が買えるよ

通常取引
だと…

➔ **単元株式数《たんげんかぶしきすう》が決まっている**

トヨタ株　単元株式数　購入代金

8,616円 × 100株 ＝ **86万1,600円**

ミニ株
だと…

➔ **単元株式数の1/10で買える!**

トヨタ株　単元株式数　購入代金

8,616円 × 100株 × 1/10 ＝ **8万6,160円**

単元未満株
だと…

➔ **1株でも買える!**

トヨタ株　購入代金

8,616円 × 1株 ＝ **8,616円**

ミニ株、単元未満株を買うときの注意点

- ! 取り扱う**証券会社**が限られる
- ! 売買できる**銘柄**が限られる
- ! **注文**は通常の取引とは別扱い
- ! **手数料**がやや割高

11

株と同じ感覚で、日経平均株価が買える！

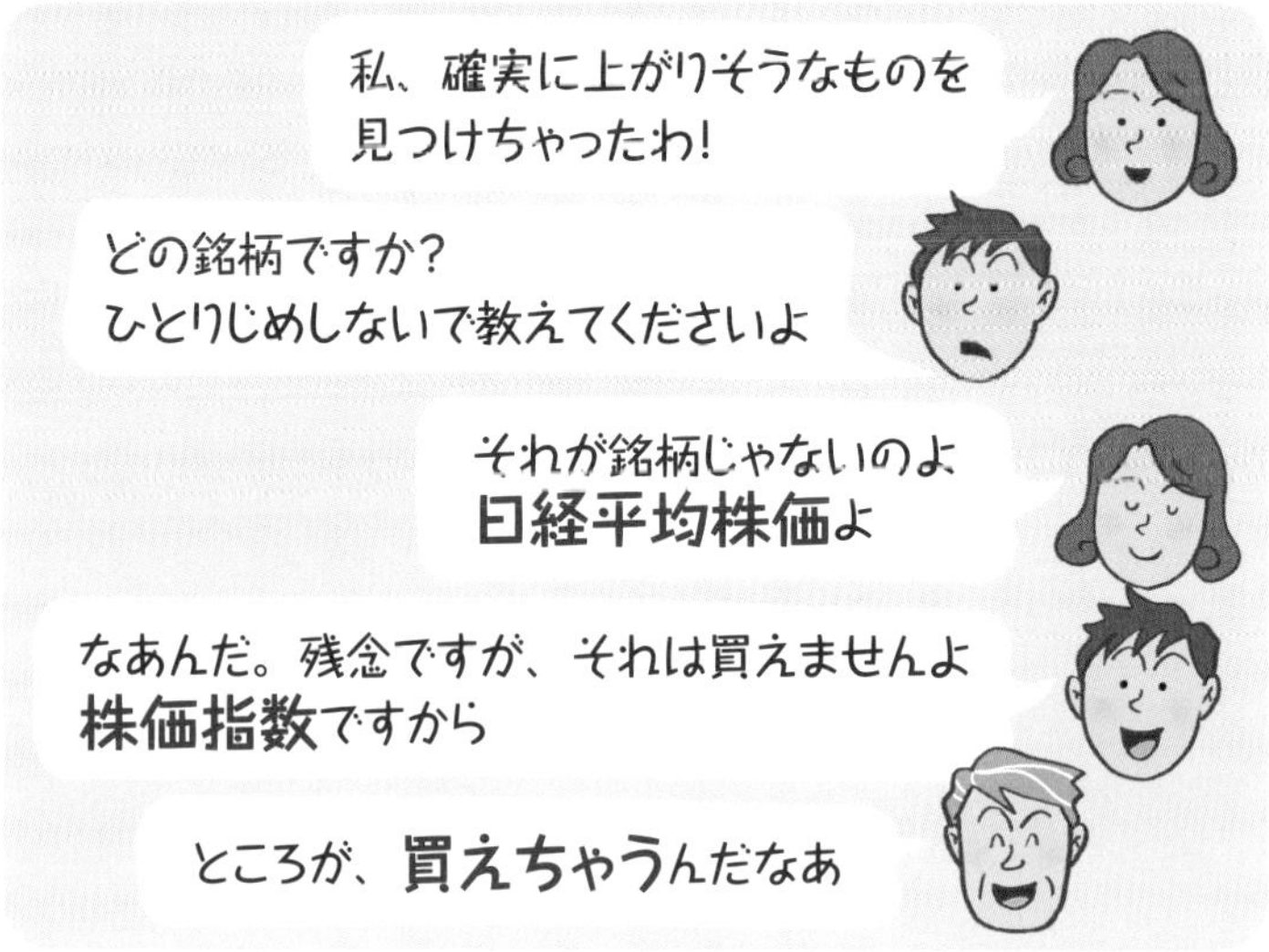
私、確実に上がりそうなものを
見つけちゃったわ！
どの銘柄ですか？
ひとりじめしないで教えてくださいよ
それが銘柄じゃないのよ
日経平均株価よ
なあんだ。残念ですが、それは買えませんよ
株価指数ですから
ところが、**買えちゃう**んだなあ

わが国の産業は海外から輸入した原材料を加工して製品を作り、海外で販売するというビジネスが主流になっています。

日本の製品が広く海外に売られるようになるとともに、株と為替《かわせ》は、ドル／円相場が**円安になると日経平均株価《にっけいへいきんかぶか》が上昇**し、**円高になると下落する**という関係が強くなっています（逆に、株高なら円安、株安なら円高になる）。

この**日経平均株価**は、本来は**株価指数**の１つにすぎませんが、まるで上場《じょうじょう》会社の銘柄《めいがら》のように投資の対象になっています。

１つには、**日経平均先物《にっけいへいきんさきもの》**という、先物取引の商品があります。ただ、これはしくみが複雑なので、手を出すにはそれなりの経験が必要です。そこで、株のビギナーには、**上場投資信託《じょうじょうとうししんたく》**（**ＥＴＦ《イーティーエフ》**）の商品を買うことをおすすめします。

ＥＴＦは、株価指数に連動するように運用されている**投資信託**です。一般の株式と同じく売買単位が決まっていて、証券取引所の取引時間中に売買できます。売り買いの注文は、株の売買と同様に行えばＯＫです。売買単位１株の銘柄が多く、１万円前後の少額投資

ヌキ流

「指数」に連動するETFに注目しよう

ETF《イーティーエフ》（上場投資信託）とは

➡ さまざまな**指数に連動**するように設計された**投資信託**

➡ **証券取引所に上場**され、株と同様に取引される

◎株と同様に**リアルタイムで売買**できる
◎**少額投資**が可能（1万円以下もあり）
◎非上場の公募投信と比べて**信託報酬が安い**
◎**240以上**の銘柄がある（2021年3月現在）

➡

! **いろいろと組み合わせて、分散投資できる**

! **少ない資金で、投資の腕試しができる**

●よりどりみどり、ETFのいろいろ

分　類	連動する対象指数
日本株（市場別）	日経平均株価、TOPIX、JPX 日経インデックス400　など
日本株（業種別）	TOPIX-17 食品、TOPIX-17 自動車・輸送機、電機機器株価指数　など
日本株（テーマ別）	東証配当フォーカス100指数、日経平均高配当株50指数　など
外国株	米ダウ・ジョーンズ工業株30種平均株価、米 NASDAQ-100 指数など
コモディティ（商品）	金（ゴールド）、白金、WTI 原油先物価格　など
レバレッジ型	日経平均レバレッジ・インデックス、TOPIX レバレッジ（2倍）指数 など

が可能です。

このＥＴＦの中には、日経平均株価と連動するように設計されたものもあるのです。各社の業績を個別にチェックするのは面倒だけれど、日本経済全体の先行き予測なら得意だという人は、この日経平均株価と連動するＥＴＦで成果をねらうのもいいでしょう。

このほか、**ＴＯＰＩＸ**《トピックス》や、**ＪＰＸ**《ジェイピーエックス》**日経インデックス４００**などと連動するＥＴＦもあり、株の銘柄と同様に証券取引所で売買が行われています。

さらに、金や原油などの**商品指**《しょうひんし》**数**《すう》との連動型、**業種別株価指数**《ぎょうしゅべつかぶかしすう》との連動型、**海外株式**や**海外金利**との連動型など、ＥＴＦのメニューは大変幅広くなってきています。

12

運を味方に大儲けできる！新規公開株をねらってみよう！

それじゃ最後に、一発で大儲けできる、スゴイ方法を教えちゃおう
ヨッ、待ってました！
それは、新しく上場する銘柄を買うんだ
じゃあ、いまは株式市場で買えないのね
うん。この株を買うには、ある手続きが必要なんだよ

株で儲けるには運も必要――なんていうと、ギャンブルっぽい？でも最近、運を味方にして、大儲けする投資家が増えています。

それが、**IPO《アイピーオー》（新規公開株）**投資。株式市場に上場しようとしている会社の株式を、上場前に入手して、上場の際の人気化＝値上がりしたところで売却して、大幅な利益をねらうという手法です。

実際にIPOの多くは、**短期間で3～5倍にもなる**銘柄《めいがら》が続出しています。有望な会社ほど、上昇倍率は高くなりがちです。

新規に上場する会社は、投資家の投票によるブックビルディング（BB《ビービー》、日本語では「需要申告《じゅようしんこく》」）という方法で、**上場時の基準値段（公開価格）**を決めます。IPO投資をしたい人は、証券会社を経由して「その会社、1株○○円だったら買ってもいいよ」と、BBに参加すればいいのです。参加方法などの詳細は、取引証券会社に問い合わせてみましょう。

IPO投資は人気が高いため、多くの場合、BBに参加しても、実際に株を入手するには**抽選で選ばれなくてはなりません**。だから、運も不可欠なのです。

ユキ流

新規公開株（IPO）を買うにはどうする？

1 IPO銘柄の情報を入手する

□IPOは、**上場日の約1ヵ月前**に、新聞などで発表される

□証券会社によって取り扱い銘柄が異なるため、購入したい銘柄を取引のある証券会社が扱っているかを確認する

2 ブックビルディングへの参加を申し込む

□ネット証券の電子開示システムを利用して、会社概要などを事前にチェックする

□取引口座に、**最低購入代金**が残っていないと申し込めない
不足する場合は、入金が必要。申告金額は、ほかの取引には使えない

3 公開価格の決定

□**上場日の約10日前**に決定される

4 抽選・結果発表

□価格決定日か、その翌日に、ネット証券の「申告・購入申込」画面などで確認する

□辞退者が出た場合は、繰り上げ当選となる「補欠」に選ばれることもある

5 購入申込み

□募集、売出し最終日までに申し込む

□購入の意志表示をしないと、**権利放棄**と見なされる

そう、ラッキーな人なら、初値《はつね》（上場《じょうじょう》後、最初の値段）で売却注文を出しておけば、わずか1ヵ月ほどの間で、資金が何倍にもなるチャンスを手にすることができるのです。

2020年にはコロナ禍《か》にもかかわらず東証などに新規上場した会社は93社ありました。その初値は平均して公開価格の2・3倍。2021年には100社を超すのではないか、との観測もあります。ダメモトでもいいから、取引証券会社を通じてBBに申し込んでみてはどうでしょうか。

ただし、IPO銘柄の中には公開価格よりも初値のほうが低いケースもあります。

ヨッシャー

INDEX

●著者プロフィール

岩本　秀雄（いわもと　ひでお）

株式会社ストックボイス副社長CCO。
東京証券取引所アロースタジオからインターネットTV（東京MXテレビ、三重テレビ、サンテレビにも配信）で株式市況を実況放送する『東京マーケットワイド』のメインキャスター。日本証券新聞社取締役編集局長などを経て現職。『世界一やさしい株価チャートの本』（東洋経済新報社）、『世界一やさしい株入門』（SBクリエイティヴ）ほか、株式投資関連の著書多数。

本書の内容に関するお問い合わせは、**書名、発行年月日、該当ページを明記**の上、書面、FAX、お問い合わせフォームにて、当社編集部宛にお送りください。**電話によるお問い合わせはお受けしておりません。**
また、本書の範囲を超えるご質問等にもお答えできませんので、あらかじめご了承ください。
FAX：03－3831－0902
お問い合わせフォーム：http://www.shin-sei.co.jp/np/contact-form3.html

落丁・乱丁のあった場合は、送料当社負担でお取替えいたします。当社営業部宛にお送りください。

改訂版　超入門 株の教科書

2021年6月25日　初版発行

著　者	岩　本　秀　雄
発行者	富　永　靖　弘
印刷所	株式会社新藤慶昌堂

発行所　東京都台東区台東2丁目24　株式会社　新星出版社
〒110－0016　☎03(3831)0743

ISBN978-4-405-10385-6